川崎昌平

ネットカフェ難民

ドキュメント「最低辺生活」

GS 幻冬舎新書 055

ネットカフェ難民／目次

0日目 ネットカフェ難民前夜 7

1 ニート、臨時収入を手にする 7

2 ニート、ひとしきり考える 11

3 ニート、旅立つ 16

1日目 ネットカフェ難民の一日は、夜、開く 22

2日目 ネットカフェの定義 27

3日目 ネットカフェ難民はホームレスではない 37

4日目 ネットカフェ難民と2ちゃんねる 41

5日目 お金と睡眠 52

6日目 ネットカフェ難民、パチンコに負けてタバコを拾う 65

7日目 ネットカフェ難民、日雇い労働を決意する 79

8日目 ネットカフェ難民は旅人か 83

9日目 機械にさせればいい仕事と機械よりも安い人間の存在 93
10日目 一週間以上同じパンツをはく方法 104
11日目 漫画家を目指すフリーターと目標がないネットカフェ難民 110
12日目 感動とは何か 132
13日目 ネットカフェ難民と性欲 137
14日目 傘がないネットカフェ難民 146
15日目 マクドナルド難民化するネットカフェ難民 154
16日目 ネットカフェ難民の対人処理能力 160
17日目 体調管理について 170
18日目 不意に訪れる変化
――ネットカフェ難民が怖がるものとは 179

19日目 リセットボタンは押さないがセーブはしたい
——ネットカフェ難民の心意気 183
20日目 職務質問を受けたらどうするか
——ネットカフェ難民対警察官 185
21日目 立ち食いソバに卵を落とすか落とさないか
——ネットカフェ難民の葛藤 196
22日目 頼むから静かにやってくれ
——ネットカフェ難民の小さな希望 198
23日目 カップラーメンは路上で食え
——ネットカフェ難民が知る情緒 200
24日目 想像力が勝負の決め手
——ネットカフェ難民の最後の武器 202
25日目 摩耗する心
——ネットカフェ難民の病 208
26日目 長期滞在時の注意事項 214

27日目 即決採用バイトとまずいフリードリンク 217
28日目 ネットカフェ難民の血 218
29日目 割に合わない給料と仕事ではない作業 221
30日目 生きる楽しみ 223
31日目 無題 226

0日目 ネットカフェ難民前夜

1 ニート、臨時収入を手にする

僕に職はない。肩書きもない。他人に誇るような学もなければ、技能もない。世間で言うところのニートである。いい歳をして親元でごろごろ暮らしている。自分でもどうかと思うが、どうかと思う以上のことはしないので、どうにもならずに今に至る。

ただ、ごくまれに働くこともある。家庭教師をするのである。知り合いに紹介してもらった家で、小学生の女の子に絵を教えるのがその内容だ。女の子のお父さんは（ご迷惑をかけるといけないので実名は出さないが）とある会社の社長さん。とても裕福な家庭である。日当として僕に五万円もくれる。六時間程度、小学生につきあうだけで五万円。信じられないかもしれないが本当の話だ。もっとも、三日連続でお邪魔することもあれば、半年お声がかからないこともある。絵の宿題が必ずある夏休みなどは僕の出番だが、普通の平日にはさして用がない。いずれにせよ不定期なので収入としては計算できない。

ご両親に言わせれば、その女の子には芸術的な才能があるらしい。娘を画家にするのが夢なのだそうだ。それが女の子本人の夢であるのかどうかは知らないが、ともあれ絵を描いているときの彼女は幸せそうである。実際、はっとするようないい絵を描く。デッサンの質も年々向上している。頭も良く、こちらが何も言わなくても自分で考えて次の行動を選ぶ能力がある。優秀である。優秀なので、僕はあまりすることがない。そもそも僕は絵が描けないので、実は絵なんて教えられる立場にない。モチーフを用意して「よく見て描くんだよ」と言うだけである。女の子の絵を手直ししたり、お手本をやって見せたりするような真似は決してしないし、できない。他には忙しいご両親に代わって美術館に連れていってあげたり、画材屋で絵の具やカンバスを買ってきてあげたりするぐらい。まったくもって無意味な家庭教師なのだが、それでも女の子の絵は歳を重ねるごとにうまくなり、おもしろくなり、素敵になっている。僕は何もしていないので、すべて女の子の力である。

先日、その女の子と一緒に、子供の絵の展覧会を見に行った。彼女の絵が展示されていたからである。女の子の絵は、他の子供の絵と一線を画していた。決して身近な人間の欲目ではない。とある文学賞の応募原稿の下読みというバイトをしたことがあるが、原稿を読めば作者がどの小説家に影響を受けてきたかが自ずとわかるものである。絵にも同じことが言えて、見ればだいたい好きな画家、目指す画風が判明する。つまり、どんな勉強を、どれだけ重ねてきたかがわかるのである。女の子の絵はそれがしっかりとわかる絵だった。しかし、他の子供の絵には技術の修練こそあれ、勉強がなかった。彼らにそれぞれ指導者がいるとすれば、おそらく「子供らしい良い絵」になるようなスキルを叩き込まれたのだろう。その点では非常に巧妙な絵ばかりが並んでいたが、少しもおもしろい絵ではない。

決定的な違いは、本物の絵を見ているか否か、である。他の子供たちは、多分、見ていない。せいぜい画集で知っている程度だろうが、紙に印刷された絵と本物の絵はまったく別物である。知識としてなら画集もいいが、絵を学びたいのであれば本物に勝る教材はない。女の子は本物を見ている。都内で企画された主立った展覧会のほとんどに足を運び、実際に自分の目で絵と接している。その差が結果として絵に現れる。本物を知らない絵には理想がない。したがってそこには完成した結果しかない。本物を知っている絵には理想があり、理想は結果としての現実との間に、必ずギャップを産む。ギャップがない絵は完成度こそ高いものの、つまらない。完成していない絵は、それが完成していないゆえに、理想の豊かさや理想に至るまでの未来をあれこれ想像させて、見るものにおもしろさを覚えさせるのである。

女の子が接する本物は絵だけではない。女の子の家には映画のＤＶＤが山のようにある。それをシネコン顔負けの環境（立派なプロジェクター、多チャンネルの音響システム、など。自動車が二台くらい買える金額）で見るのである。本棚も豪華だ。全集や洋書、画集などが数多く並んでいる。ご両親の頭が良いのだろう。ラインナップを見る限り、金持ちのステイタスといった雰囲気は微塵もなく、かといって流行どころをとりあえず押さえました的な感じもしない。映画にしても小説にしても時代に残る名作や、隠れた逸品などが目につく。それらを女の子は自由に鑑賞できる立場にあるのだから、これほどうらやましい家もない。最初は「小学生にはちょっと早いんじゃないか。難しすぎるのでは」と思ったが、よくよく考えれば大人だろうと子供だろうと、見たり読んだりする事実に変わりはない。ただ理解や考え方に差があるだけのことなのだ。年齢に応じてそれらは変化するだろうが、だからといって子供時代に本物を見ることが無意味なわけではない。子供は子供なりに、しっかりと何かを感じ取る。その事実を無視して、子供だからとジブリやディズニーやハリー・ポッターばかりを与えるのはいかがなものか。かえって子供をバカにしているようにも思える。子供を大人扱いする必要はないが、少なくとも文化に関して大人と子供の線引きを、大人が勝手に決めるのは、逆に子供の成長を阻害するのかもしれない。

以上のようなことを、穀潰《ごくつぶ》しなりに、働かない若者なりに、無気力な二〇代なりに、社会のダニなりに、つらつらと考えるのである。いつも考えているわけではなく、ごくまれにある家庭教師の日だけだ。定職を持たぬ僕にとって唯一の臨時収入日であるその日は、豪華に過ごすことにしている。女の子のお家を辞した後、都内の高級レストランに向かい、高価な食事と酒を、一人で楽しむ。いや、一人でつつくコース料理は、実際あまり楽しくはないのだが、たいした苦労もせずに得たお金はどうにも財布の中で落ち着かないものである。かといって貯蓄する気にもならないので、ぱっと使うより他にない。

ぱくぱく食べて、ちびちび飲んでいると、だいたい終電を逃す。口に入るものに関しては、無職の負け組なりにある程度（お湯を注いで三分後にできあがる食事よりも、小奇麗ななりをした人間が運んできてくれる料理の方がおいしい、という程度）の善し悪しがわかる。が、それ以外はそうでもないので、さすがに寝泊まりまで豪勢にしようとは思わない。あるいは腹が膨れると途端に小市民根性が顔を出すのかもしれぬ。とにかく、リッチなディナーの後は漫画喫茶で寝るのが、お決まりのコースなのである。

2　ニート、ひとしきり考える

朝遅くニートとして目覚め、昼過ぎから社長令嬢の家庭教師となってお金を手にし、夜、贅沢な夕食を味わい、深夜、漫画喫茶に泊まる。不定期に訪れるこの一日は、思考の儀式として機能する。いろいろと考えられるのである。「少し静かに考え事をしたい」「一人になって自分を見つめ直したい」などと思う人は、近所の公園を散歩したり海外旅行に大枚をはたいたりするよりも、深夜の漫画喫茶に行くべきだ。そこには考えるべき事案と考えるべき時間とが、あふれるように広がっている。

氷をたくさん入れたグラスにわざとらしい緑色をした液体を注ぎながら、こう考えた。お金のあるなしは考え方一つ。あるところにはあるのがお金。女の子の家庭は、こんな僕にぽんと五万円もくれる。僕はそれを使って夜を過ごす。この構造に隠されている意味はなんだろう。一方の当事者である僕に言わせると、簡単に想像がつくような、例えば貧富の差のような問題意識は微塵も芽生えない。女の子の家庭が非常に裕福で、僕がとても貧乏なのは明白だが、それは単なる「客観的な事実」にすぎず、「格差を意識させる構造」としての働きを持つようにはそれほど感じられない。

お金があることとないことは、二項対立として機能するものではない。裕福と貧乏は対義語ではない。朝咲き夕暮れには萎れる花は、一カ月は咲き誇る温室の薔薇を羨望のまなざしで見るだろうか。セミは地上に出て一週間程で死ぬが、その寿命の短さを一〇〇年生きる老亀と比較してはかなむだろうか。ありえない話である。両者にとっての時間の概念が異なる以上、相対的な評価は意味をなさない。第三者という仮面をつけた人間が、彼らに意義を押し付けるのは悪いとは思わないが、花も薔薇もセミも亀もそんなものを気に病むはずはなく、またその義務もない。

お金も同じだ。僕ではない他の誰かがあるとないとの線引きをしている。その意味は確かに理解できる。が、理解はできても従う理由はないし、現実問題としてその二項の一片に自分を該当させる気になれない。反発ではない。ただ純粋に、それをする気にならないだけなのだ。五万円は家を買うにははした金だが、漫画喫茶なら一カ月暮らせる額である。

と、ここまで考えて、やはりむくむくと頭をもたげるものがある。差を、埋めがたい溝を、どうしても感じてしまう。「貧乏も裕福もないと偉そうに言ったじゃないか」と指摘される向きもあるかもしれないが、もちろんその部分に関しては前言を翻す気はない。

もっと、大きな差。例えばそれは、僕が女の子と一緒に見た、子供たちの絵に立ち現れる。「女の子は本物を見ているが、他の子供は見ていない」と断じたが、冷静になって考えてみよう。もしそれが、「見ている／見ていない」の差ではなく、「見ることができる／できない」の差であったとしたら、どうだろうか。

頻繁に美術館に通える子供と、そうではない子供。映画をたくさん見られる子供と、そうではない子供。家に本が山ほどある子供と、ない子供。子供の部分は人間と置き換えて読んでもいいが、ともあれそこにある明確な差は、どこから生じるのだろうか。

ぱっと考える分には、それらは単に個人としての資質に準拠した差に思える。芸術に触れたい、映画を見たい、小説を読みたい、などのモチベーションはお金のあるなしに関係なく発生するはずである。美術館が好きな人間は足しげく通うだろうし、映画狂ならば寝食を惜しんでも映画を見ようとするだろう。本が読みたければ図書館に行けばよい。

が、もう少し考えると、それらの動機はある程度の余裕を必要とすることがわかる。余裕とは何か。それは「生活の余裕」である。なんらかのクリエーターを志す人ならば、財布に五〇〇〇円しかなく、月末までその金額で暮らさなければならないとわかっていても（そして月末まであと一週間以上あると知っていても）、見たい映画があれば見るし、行きたい展覧会があれば行くだろう。なぜなら「見たい」から「行きたい」からではなく、彼にとっては「見なければならない」「行かなければならない」ものだからだ。

勉強する人はどれほど逼迫《ひっぱく》していようとも勉強する。だが、そうではない人はどうか。文化は、それを自分によって切り開きたいと思う特殊な人ではない限り、娯楽と同じく饗されるものとして存在する。つまり、サービスである。サービスには当然のように対価が必要で、対価を支払う能力がなければ求めないだろうし、あれば欲するかもしれない。対価とはすなわちお金である。ただ、ここでのお金は単純に現金であるというよりも、もっと大きな範疇《はんちゅう》での経済活動を指している。

つまり、文化に支払うお金がないのではなく、お金がないという漠然とした感覚（それが不安や焦燥と呼べるものではないとしても）が、文化にお金を使わせないという状況を導いているのである。確かにそうだ。例えば今現在の僕個人の財布具合を考えた場合、食うに困るほど困窮しているわけではないとしても、文化に消費するほどの気持ちは湧かない。美術館へ行くのは女の子のお供だからだし、一人で自発的に行こうとは、まず思わない。映画館にはここ数年足を運んでいない。本はそれなりに読むが、わざわざ新刊を買う真似はせず、家にあるものを繰り返し繰り返し読む程度。怠惰な生活のリズムに変調をもたらしたいとき、稀に文化を欲することもあるが、最近は怠惰具合にも勤勉さが出てきたので、なかなかそんな気にもなれない。

これが差だ。僕の考える格差である。金銭の多少ではない、文化量の多少。お金があるから文化を大量に摂取できると言っているのではなく、文化に対する積極的な姿勢が「生活のゆとり（もちろんお金も重要なファクターである）」に左右される可能性を指摘したいのだ。

格差はすっかり社会に定着した言葉となった。だが、誤解されている。本当の格差とは、文化にこそ現れている。お金がある人とない人とがいるから「格差」なのではない。より多くの文化に触れられる人間と、そうでない人間の差が、本当の「格差」なのである。前者は多様な価値と解釈を学ぶことができる。後者に選択肢は少なく、強いて言えばマスメディアが用意してくれたものを咀嚼《そしゃく》することができる程度。だが、自分の意志で出会っていない文化の効用は薄く、意義はもっと薄い。

そこまで考えて、僕は考えることをやめた。

ジュースを飲み、タバコを吸い、漫画を読む。漫画は自分で選んだ漫画ではない。漫画喫茶の薄い本棚の一角、オススメコーナーなる場所にあったものを手に取っただけだ。「オススメ」を翻訳すれば「売れている」になる。「売れている」をさらに解釈すれば、それは「削減された選択肢」である。古今東西のあらゆる漫画を吟味、比較した上でのチョイスではない。文化に対して積極的になる気がない僕に向けて「じゃあこれでも読めば」と与えられたものにすぎない。「選ぶ気ないんでしょ。なら選んであげるよ」と渡された漫画。たくさんの少女と一人の少年が登場するその漫画は、それなりにおもしろいようにも思えたが、それは裏を返せば次の事実の証明に他ならない。

僕という人間が「広範な文化の中からおもしろいものを探し求める気力を失い、与えられたものをただ漠然と享受するだけになり、結果、唯一のそれをおもしろいと思うしかない」タイプの人間に堕してしまったという事実。いやはや、これが「格差」である。

するると、僕という人間は格差の象徴みたいなものかしらん、などと思うが、所詮は思うだけである。そこに反駁や抵抗を覚え、感じるようならば、そんな元気があるのであれば、格差の下側に甘んじているような現状は、ない。

3　ニート、旅立つ

漫画を読みつつ寝てしまったら朝が来た。読みながら眠れる漫画とは、本当のおもしろさを持たない漫画である。しかし、前述の通り、本当におもしろいものとやらを血眼になって探す意欲はまるでないので、無理をして睡眠欲求に抗う必要はない。

それにしても漫画喫茶のイスはよくできている。リクライニングシートというカタカナ言葉では言い尽くせない懐の広さがある。昔の偉い人は「暖かいベッドのために、どれほど報われぬ夜をすごせばよいのか」と嘆いたらしいが、漫画喫茶のイスは、無能な主に対して努力と犠牲を強いることのない、優しいベッドだ。誰でも平等に眠りにつくことが許される。

別の視点からすると「自分一人の夜」を認めぬ厳しさが漫画喫茶のイスにはあるわけだが、こちらはそれを気に病むほど繊細ではないので問題ない。いびきも歯ぎしりも子守歌。屁の一つや二つ、どれほどのことがあろうか。

漫画喫茶という寝床はホテルとは異なり、明敏に集団としての眠りを提示する。個としての人間は尊重されないが、無関係の集団にもバカにできない温かみがあるのである。どれだけ優しいイスにせよ、荒野に一人、ぽつねんと座っていたらむなしさが勝つ。同じ境遇の人間がたくさんいることがわかっているからこそ、優しさを優しさと思えるのだ。

さて、その無関係の戦友たちはどうしたろうか。周囲の気配を窺ってみるが、みないないようである。時刻は朝の九時をちょっとすぎたあたり。普段の僕にとっては早すぎる目覚めだが、一般的な社会生活からすれば寝坊もいいところか。

日の光もなく、遅い朝。九時とわかるのは時計のおかげ。太陽の具合も知らずに朝を語るのは現代人の、いや、僕のような「怠惰な現代人」の、深い傲慢。少し反省し、同時にせっかく「早く起きた」ので、外に出てみようかなと考えた。会計を済ます。一二時間で一九八〇円というパック料金。入店したのは深夜零時ちょっと前だったので、まだ三時間弱は漫画喫茶にいられるわけで、少々もったいないと思うものの、立ち上がった腰をもう一度落とす気にはなれなかった。

僕が会計をした直後、走りながらレジにやってきた人があった。女性である。年の頃は二〇代前半ぐらいだろうか。僕よりは若いように見える。後ろ髪を片手でなでつけながら、もう一方の片手にはトランク。ごろごろ引きずることができるカートタイプのトランクだ。薄っぺらな鞄を肩から提げているだけの僕と比べると、ずいぶん大荷物の印象を受ける。女性の格好は、下は薄いデニム地のストレートパンツ。色は濃い青。上は白い長袖のシャツ。大きな襟が印象に残った。

彼女は素早く会計を済ませると、エレベーターに飛び乗った。僕も乗る。雑居ビルのエレベーターはおおむね狭い。ビルの八階から地上へとエレベーターが向かう。身体がゆっくりと落下する感触を味わっていると、別の感覚が身体のある部分を、清潔を信条とする現代日本においてはあまり出番がない器官、つまり、僕の鼻孔をくすぐった。

ください。顔をしかめるようなくささではないが、気のせいでは済まされないレベルのくささである。化学的なものではなく、ずっと有機的な、晴れた日の動物園の檻（そこには、肉を食べるタイプの哺乳類がいる）の前で感じるような、生き物的なくささが漂っていた。狭い空間の中には僕と彼女しかいない。昨日は家庭教師の日だったので、僕は朝早くシャワーを浴びた。そこから二四時間、汗をかくような真似はしていない。人間、自分の体臭には鈍感なのであまり強硬に断定するのは憚られるが、しかし、このくささの元凶はおそらく僕ではない。多分、彼女だ。

犯人とおぼしき彼女を、僕は無遠慮な視線で観察した。なるほど、確かに身なりこそ小奇麗な感じだが、茶色く染められたセミロングの髪にはほんのわずかに白くくすぶる点のようなものが浮いている。化粧を施された小さな顔をよく見れば、目の下にうっすらとくまをつくり、鼻の頭は脂で滲み（周辺部の化粧とのギャップでいっそう目立つ）、口はかすかに半開き、重たそうなまぶたからかろうじてのぞく瞳は、段々と減っていくエレベーターの階を示す数字にむけて視線をぶらさげている。総じて、ああ、疲れているんだな、という印象。生気の失せた表情。どんな事情があるのか知らないが、きっといろいろとあるのだろう。勝手な想像だが、おそらく、ろくに風呂も入れず、漫画喫茶に寝泊まりし、それでも朝、懸命に身繕いをしてエレベーターで雑居ビルを駆け降りなければならない理由が、彼女にはあるのだ。

してみると、この臭気も、いわば彼女の生気の残りかすを凝縮した生命の芳香である。くさいが、しかしイヤではない。悪くない。

エレベーターが地上に降り立ちその扉を開くやいなや、彼女は足早に街の中へと駆けていった。僕はエレベーターの室内に残った空気を、肺一杯に吸い込んで、大きく深呼吸をした。それから、エレベーターから出て、一歩を踏み出し、こう思ったのである。

せめて、あれぐらいのにおいを放てるようになるまでは、がんばってみても、おもしろくなくはないかもしれない、と。

ニートライフよさようなら。ほとんど唐突と呼んで差し支えない勢いで、僕は新生活に身を投じる決心をした。決心というほどの立派なものではないかもしれない。引きこもる場所を実家の六畳間からネットカフェの一畳ちょいの空間へと変えただけである。

それを変化と誇る気は毛頭ない。もとより変化を求めてのことではない。格差どうこうとごたくをならべてはみたが、そうした反骨精神の現れでもなく、ただ純粋に考える環境を移してみただけの話。具体的な展望は欠落しており、かといって自棄《やけ》のやんぱちでもない。

今になってみれば、気まぐれ以外の何ものでもないように思えるが、しかし、ある必然性を持つ気まぐれである。遅かれ早かれ僕はこうなったろう。いつか訪れるきっかけが、たまたまそのときだったというだけのこと。

しかし、投げられた賽は目を出すまでは停まれないもの。そして、まだ出目は決定を空中に委ねたままである。

エレベーターで出会った（この表現は適切ではない。僕の一方的な出会いに過ぎないのだから）女性にきっかけをもらったその日、僕はただひたすら歩いた。昨日いた漫画喫茶の所在地は渋谷。そこから僕は半日かけてひた歩き、途中四谷のコンビニで立ち読みをしたり、九段下のマクドナルドで休んだり、東京ドーム脇のウインズで競馬に熱中する人々を眺めたり、神保町で古本屋の軒先を物色したり、ぼう然と万世橋から神田川を見つめたりしつつ、日が暮れる頃には秋葉原に到着した。ヨドバシカメラのオーディオコーナーで最新のアンプやスピーカー、プレーヤーの性能を堪能したあと、つくばエクスプレス秋葉原駅の前で歌うストリートミュージシャンを囲む輪に加わる。**夜**[*1]になる。漫画喫茶を探す。なんなく発見。入店。

ネットカフェ難民生活の始まりである。ネットカフェ難民の一日は、夜、開く。身体が太陽の下の努力を覚えている夜は健やかな夜。無為の疲労の気だるさで彩られた昼は、夜にも同様の苦難を強いる。僕は後者。「あてもなく歩いたので疲れました」という一日の夜は、やはりあてもなく更けていく。

結構な距離を歩き回ったにも拘わらず、直接的な肉体の疲労はそれほどではなく、僕の心も疲れていない。アルコールを口にする気分でもない。疲れていないから眠くもなく、酒という睡眠薬もさしたる効果がないとすれば、夜はますます大敵だ。僕は**『ドカベン』**[*2]をひたすら読みふけり、明け方五時近く、ようやくうつらうつら、まぶたを閉じた。

＊――夜

夜は、それを愛する人にとっては短く、嫌悪する人にとっては長く、好悪の判断すら許されず、半ば強制的に縛りつけられる運命の下にある人にとっては、さらに長い。

長すぎる時間への対抗策としてもっとも簡易かつ効果のある手段は、睡眠である。これは僕がニートとしての生活の中で培った知恵でもある。寝てしまえ。眠っている間は時間に対する責任も、その責任への態度をつらつらと説教する自他を問わぬ倫理の影も、ひとしく消える。たまゆら消えるだけであり、すぐさま立ち現れることもわかってはいるが、しかし、寸暇を惜しんで消す作業こそが重要である。そこをしっかりやらないと、とてもではないがニートなどやってられないというのが、僕の意見。

しかしながら、人間そんなに睡眠ばかりできるものではない。一日を二四時間と区分した場合、せいぜい八時間程度が、睡眠の限界である（四八時間を一日と決めれば一二時間ぐらいは眠ることができる。つまり、徹夜と呼ばれる種類の無茶をして、翌日泥のように眠るわけである。されど、この方法は持続が難しい。生産的な行為を滅多にしない人種にとって、徹夜しなければならないような状況およびモチベーションは簡単に用意できるものではないからだ）。それ以上は、身体が睡魔を迎え入れてくれない。だいたい、何をするわけでもなく、ただ漫然と過ごす日々なので、めったなことで疲労はたまらず、疲れない肉体は睡眠も欲しない。アルコールは唯一の対抗手段、肉体と精神をまどろみの沼に引きずり込んでくれる幸福の薬であるが、酒浸りのニートほど絵にならない人種もない（酒もタバコもやらぬニートが絵になるわけでもないが）。

無為自然な日々に慣れ親しむと、不思議と本能が肉体の無茶を防ぐようになる。目標や希望といった言葉が胸の内にある間は、多少の肉体への害も、精神が肉体に目をつぶらせるのだが、肉体を制御する意志が薄まると（枯渇すると）、自然、肉体は肉体に優しくあろうとするのである。したがって、無茶な飲酒も身体がストップをかけてくれる。自棄酒《やけざけ》という言葉があるが、僕のような筋金入りのニートだった人間にとっては「自棄になるほどの喪失感や不平不満」すら、ないのである。ないというか、そういった感情は、努力や挑戦を重ねてきた立派な人間にのみ許される情緒であり、容易に手に入るものではない。

ニートには高嶺の花。結論すれば酒はある程度なら夜への予防策となるが、恒常的な手段にはならないのである。

＊2―『ドカベン』

有名な野球漫画。作者は水島新司。ネットカフェ難民にとって漫画は重要なアイテムの一つである。漫画喫茶にもネットカフェにも漫画は山のようにあるが、優秀なネットカフェ難民は、できるかぎり巻数が長いもの、加えて完結しているものを読むようにする。間違っても話題の新作や、現在週刊誌で連載している人気作品などを読んではいけない。なぜダメかというと、そんなことをすれば、「続きが気になってしまう」からである。どんなささいなことにせよ、未来を待ち焦がれる感情は排除するべき。そうでなければネットカフェ難民など長続きしない。「最新刊が出るのは……来月かあ、待ち遠しいなあ」となってしまったら危険信号。社会の流れに身体が順応しようとしている兆候であるから、くれぐれも注意したい。その点、この『ドカベン』のような漫画は安全かつ安心して読める。続きは苦労せずとも本棚に転がっているので、それを読めば解決する。読んでいる最中は未来に思いを馳せることもなく、ただひたすら今その瞬間のページに注意を払えばそれで済む。綿々と続く今という時間に身を委ねれば、目まぐるしく変動する社会からも無縁でいられる。『ドカベン』ほどになると冊数も相当なので、「今」の継続性も高い。他にオススメは、『パタリロ!』や『あさりちゃん』など（どちらも完結していないが）。『課長島耕作』や『カムイ伝』なんかもダラダラとじっくり読めるので、個人的には好きである。

寝過ぎた。目が覚めたのは一一時頃。たっぷりと延滞料金をとられる。ニート時代と同じような生活リズムでは、**ネットカフェ**[*3]難民はだめなのだとはじめて気付く。

日中は秋葉原をうろついて過ごす。同人誌専門店で買いもしない同人誌をひたすら物色するふりをしたり、店頭で上映しているDVDを一話まるまる立ち見したり、**漫画や小説を立ち読み**[*4]したり、デモゲームに興じる若者のテクニックに感心したり。あっさり夜になる。秋葉原の夜は早い。八時ごろにはたいていの店は閉まってしまう。**ファミレス**[*5]に行ってゆっくりと晩ご飯。一一時になり、再び昨晩泊まった漫画喫茶へ。

＊3――ネットカフェ

いきなりだが、ここで一つ、言葉の整理を行いたい。すでに「ネットカフェ」なる言葉が登場し、またその言葉は本書にとっての一大テーマとなるわけだが、今に至るまで定義がなされず本文は進んできた。まず一般的な用語としての「ネットカフェ」とは何なのかを考えてみよう。

遅くとも一九八〇年代初頭には「漫画喫茶」は誕生していた。ただ、初期のそれらは「漫画の量がやけに多い喫茶店」でしかなく、まだまだ市場に認められる存在ではなかった。爆発的な広まりを見せたのは九〇年代後半であり、狭い店内に何万冊という規模の漫画が並ぶような形態になったのはその頃である。なぜ「漫画喫茶」は現状のような拡大発展を遂げたのか。

もともと喫茶店と呼ばれる場所には漫画や新聞が付きものだった。それらはお客の回転率という側面からは著しく害のあるものだったが、個人をターゲットにした集客力という観点では相応の効果を発揮した。おいしいコーヒーを飲むことを目的として喫茶店に向かう人間はそうでない人間よりも少なく、多数派たちは、たいてい休息や時間潰しなどのために利用する。であるならば一定時間を経過させるためのアイテムとして、漫画に価値があった事実は否定できない。

つまり、ある種の喫茶店においては潜在的に「飲み物」よりも「漫画」に重要度があった可能性があるのである。もちろん「飲み物を提供し、利益を上げる」ことに主眼を置いた喫茶店もあるが、それらは経営資本を大規模化させ、スピードの向上、値段の低下を主方針として都市部において生き残るより他に道がなくなったとするのが、大勢の見方として適正である。

対して「個人のための時間消費空間」としてあり続けようとしたタイプの喫茶店が、お客の需要がそこにあるのであれば、アイテムとしての漫画にウエイトを割いたとしても不思議はない。

ただ、そうだとしても通常の喫茶店が「漫画をたくさん置いている」状況と、漫画図書館と呼ばれた時代もある漫画喫茶の「壁がすべて漫画で埋められている」様相には絶大なギャップがあるように感じられる。両者が時間的な推移の中で「変化」ではなく「変貌」したのであるとすれば、その原因はどこにあるのだろうか。

おそらく、遠因の一つには「経済状況の悪化」があると思われる。不況が個人の財布具合に影響を及ぼす場合、端的に表面化するものは「娯楽の変化」である。お金があればスキーやゴルフなどのレジャー産業はどんどん盛んになる。なければ、人間、そんな遊びはせず、もっとお金のかからない娯楽を求める。レンタルビデオ屋で映画を借りて見たり、遠出はせずに近場の公園や遊園地で楽しんだりする。その究極形として生まれたものが「漫画喫茶」である。時間を消費させるためのサービスとしてこれほど安価なものはなかなかない。カラオケも似たような料金形態だが、決定的に違うのは一人で一本のマイクを握りしめても寂しいだけだが、二人で一冊の漫画を読むことは困難であるということである。

つまり、娯楽として考えた場合、漫画喫茶は「時間の消費を楽しむ」というよりも「時間をつぶす」と表現したほうが正しく、かつ家族や友人の姿はそこになく、徹底して一人きりのスタイルが似あうのである。ひどく後ろ向きの娯楽と言えるかもしれないが、そういったものが隆盛する社会を責めるべきなのかもしれない。

要するに時間の消費という行為からコミュニケーション（現実空間におけるものを指す）が失われつつある状態を象徴する存在が「漫画喫茶」なのである。「漫画喫茶」にないものは「人間がいれてくれるコーヒー」である。本来的な喫茶店としての機能を捨てた店内にはウエイターもウエイトレスもいない。注文というコミュニケーションが消え、商品を渡す、受け取るという基本的なコミュニケーションもなくなった。飲み物は武骨なマシーンが饗してくれる。コップを置いて、ボタンを押せば飲み物が注がれる。誰と話す必要もなく、せいぜい会計の時に店員と二言三言交わすだけだ。「ブルーマウンテン、一つ」「お砂糖とミルクは」「いりません」というやりとりには単純だが、人間がいる。小なれども趣味嗜好という人間の性質が顕在化するからだ。対応する人間も一応は一個の人間性に触れるので、「人間に対する人間」として振る舞わなければならない。ところが、「九八〇円になります」「はい」「二〇円のおつりです」には、人間がいない。会話しているのはお金であり、人間ではない。

これが漫画喫茶である。最初に遠因として「経済状況の悪化」を挙げているので、結びつけると「不景気なのでコミュニケーションしなくなりました」となってしまう結果になり、僕個人としては断然異議を唱えたいところではあるが、しかし、ある意味では、悲しいかな、真実なのかもしれぬとも思う。

その不幸な真実は漫画喫茶の発展に拍車をかける。僕自身の記憶によれば、九〇年代後半には、まだ漫画喫茶にはっきりとした個室は存在しなかった。たくさんの漫画が所狭しと並ぶ店内にはイスがあり、飲み物と灰皿と漫画を置くためのテーブルがあるだけだった。夜は店じまいをする漫画喫茶もまだあった。

が、徐々にその性質が変化する。二四時間営業になり、漫画を読むためというよりも、寝に来る人が増えてきた。イスがだんだんと豪華になり、イスとイスの間に簡単なパーテーションも生まれた。

そして、そうなることがまるで必然であったかのようにパーソナル（個人的な、という日本語訳を与えてみよう）コンピューターがわらわらと顔をのぞかせるようになってきた。「情報の提供者」としては漫画よりも遥かに鮮度があり、かつ広範な領域をカバーしてくれるパソコンは、時代が二一世紀を迎える頃にはもう当然のように「漫画喫茶」に配備されていたのである。

やむを得ぬ理由から寝るために漫画喫茶を訪れる人々にとって、読みたいものとは、過去のおもしろい漫画ではなく、翌朝の電車の始発時間を教えてくれる時刻表であり、あるいは翌日の天気であり、あるいはホットな政治経済の動向を伝えてくれる新聞であり、あるいは帰宅できなかったせいで読めないはずの電子メールたちである。インターネットはそれらの目的に対して非常に重宝する。もちろんインターネットの役割はそれだけにはとどまらないが、IT（インフォメーションテクノロジー）という言葉は、ネットワークの価値と可能性を非常に狭い範囲でしかとらえようとしないみじめな言葉ではあるものの、少なくとも漫画喫茶における初期のパソコンたちに対しては正鵠《せいこく》を射ていたと言える。

主役が漫画からインターネットに交代するにつれて、店は宣伝文句として所有する漫画の冊数ではなく、回線速度の強さを謳うようになった。机は飲み物や灰皿や漫画よりもまずパソコンを置く目的を果たさねばならず、机として機能する面積は狭くなったものの、机自体の構造は奥行きと嵩とを増し、総体として大きくなった。寝る客が増えた以上、快適な睡眠環境はサービスとして不可欠となり、個人のための睡眠スペースをしっかりとしたものにするため、薄いパーテーションは分厚くなり、やがて天井以外はすべて覆われた個室空間が成立した。隣に座っていた人間は、隣室の人間と表現を改め、当然顔はおろか年格好、性別すらわからぬようにされた。

初期の漫画喫茶がまだある程度集団的側面を垣間見せていたのと異なり、現在では個室化の蔓延により、個人しかいない世界が完成しつつある。以前は「友人と連れ立って漫画喫茶を利用する」のも珍しいことではなかった（現在でも、仲間でネットカフェに集まり、PSPに興じる集団はよく見かける）。店内では普通に会話もできた（だいたいの人間は真剣に漫画を読んでしまうので店内は静かだったが）。今はできない。相手がいなければ会話は生まれないからだ。聞こえてくる人間の音といえば、いびきぐらいのものである。

人間一人が使用する床面積が増えたわけだから、必然的に店内は狭くなる。何を削るか。漫画である。「おお、まさか永島慎二の『漫画家残酷物語』が読めるなんて！」というような漫画喫茶はすっかり姿を消し、量を減らした本棚には大手出版社の流行どころの漫画が並ぶのみ。漫画に価値を見いださなくなった漫画喫茶。それがネットカフェであるとする見方は、おそらく正しい。

コンテンツの持つ価値の変遷が、漫画喫茶をネットカフェへと転じさせたのである。そこに生じる個人の姿はより頑強に個人性を謳うようになり、もともと薄かったコミュニケーションは完全な「消失したコミュニケーション」となった。両方の時代を知る身としては、正直、さしたる感慨はない。今のようになる気配は漫画喫茶草創期からビンビンしていたし、ユーザーが変わったというよりも、ユーザーのもともと持っていた素地が徐々に剝き出しにされてきたとする方が間違っていないように思う。

長くなったが、以上が外側から知ることができるレベルでの「ネットカフェ」の定義である。漫画喫茶がどのようにしてネットカフェへと転じたかを客観的に判断したければこの程度の認識で不足はない。ただ、忘れてならないのは、「客観的な判断」とやらには、ネットカフェ難民を考える上でさしたる意味がないということである。

＊4――漫画や小説を立ち読み

ネットカフェ難民は、一日中ネットカフェにいるわけではない。そうしたいのはやまやまだが、そんな真似をすると、お金が続かない。したがって日中は日雇いバイトなどに精を出さねばならないのだが、毎日必ず仕事があるとは限らない。したがって、仕事がない日をどうするかが重要になってくる。遊ぶ経済的な余裕があるわけはないので、極力お金を使わず時間をつぶす手法を編み出さねばならない。そこでもっとも簡単に思いつくものが、この立ち読みという行為。よくあるパターンとしては、ブックオフのような大型中古書店で、ひたすら足が棒になるまで立ち尽くし、無我夢中で読み耽るというやり方。が、あまりオススメはしない。確かに金銭的な出費はゼロだが、経験上、疲労感と徒労感の双方がつのるばかりで、長い目で見れば（ネットカフェ難民が長期的展望を口にするのは滑稽かもしれないが）損をしているように思うからだ。一〇〇円程度の中古本を一冊買って、一日かけて公園のベンチに座ってじっくり読んだ方が、結局は経済的な気もする。

＊5―ファミレス

屋根のあるところで夜を過ごす点に最大の目的があるのだとすれば、別段ネットカフェでなくとも二四時間営業のファミレスだって良さそうに思える。が、何度か試してみたもののの、あまりうまくない。なんだか落ち着かないのである。まぶしいぐらいに明るい店内の雰囲気のせいか、はたまたファミリーという言葉が、社会的、動物的意義を遂行していない（遂行できそうもない）劣悪な生物の弱りつつある本能に、あるいは深層意識に、重度のプレッシャーや強迫観念を突きつけるからか。豊富なメニューもよくない。溢れるような選択肢の数々は、「(可能性だけは）いろいろあったはずなのに、どうしてこんな人生を選んじゃったのかな」といった感じで、半生への後ろ向きな追憶に拍車をかけかねない。

食べるときぐらいは何もかも忘れて食べることを楽しみたいものである。食と住をわけようとする観念が、ファミレスを敬遠させるのかもしれない。気にしなければそれですむ話だとは思うが。

3日目 ネットカフェ難民はホームレスではない

足を上野に向ける。映画館など行こうとは思わないと前に書いたが、その宣言に反して、池之端の**映画館**[*6]でポルノを見て過ごした。暗くてわからなかったが、客は僕の他に三、四人しかいないように見えた。暗がりからカサカサと音がする。みんな元気だなあと感心する。隣の座席に**スポーツ新聞**[*7]が落ちていたので拾って映画館を後にする。太陽の下で、その新聞に濡れたところがないかよくチェックする。とりあえず大丈夫なようである。不忍池のそばに小さな公園のような一角がある。公園の粗い砂の上に、拾った新聞紙を広げて昼寝。**ホームレス**[*8]に見えるかしらんなどと思いつつ、思うだけで別段何も気にしない。昨晩は一睡もしなかった（延滞料金の発生をおそれたためである）のでよく眠れた。人か獣か、何かが吠えたような声がして、飛び起きる。あたりは真っ暗闇。静寂。気のせいか、と頭をふり、時計を確認。夜の九時。屋台でラーメンを食べ、漫画喫茶へ。

＊6―映画館

この映画館は、オールナイト上映をたびたびやってくれるので、たまにはネットカフェ以外の空気を吸いたいなと思ったときには重宝する。が、注意するべきなのはそのラインナップ。巨大なスクリーンを占めるのが男と女の裸ならまだいいのだが、ときどきそれが男と男の裸になってしまう場合がある。一〇〇〇円ちょっとのチケット、三本立てで二時間、それを夜中から朝までローテーション（だいたい三回）するのだが、男のお尻ばかり延々と六時間近く見させられるのはイヤなものというか、苦難を通り越して修行の趣すらある。ならば寝てしまえばよさそうなものだが、人生、隙を見せていい場面と、決して見せてはいけない局面があるということを、僕は以前この映画館で身をもって学んだ記憶がある。

＊7―スポーツ新聞

別に普通の新聞でもいいのだが、なかなか普通の新聞は落ちていないものである。その点、スポーツ新聞はどこにでも落ちている。新聞は、あればなかなか便利なので、優秀なネットカフェ難民なら常にある程度の部数を持ち歩くべきである。用途はさまざま。座布団、じゅうたん、布団などは誰でも思いつく。冬場などは新聞を一枚取り出し、半分ぐらいにちぎり、くしゃくしゃと丸めて胸元にしのばせるだけで、簡易カイロのできあがり。最近の駅のトイレは軒並みトイレットペーパーを完備するようになったのであまり心配はいらないが、それでもピンチが訪れないとは限らない。その場合、新聞で尻を拭くのである。いろいろと試してみたが、スポーツ新聞の色鮮やかな一面が、一番しっくりくる。柔らかく、手で揉みしだけば皺も簡単に増え、即席トイレットペーパーとなる。文字ばかりの面は、身体を磨くのに使える。いや、実際はインクがこすれて、肌がうす黒くなってしまうので綺麗にはならないものの、消臭効果がある。もう一週間風呂に入ってないな、そろそろ臭いかな、と思ったら、新聞で身体をこすってみることをオススメする。

＊8──ホームレス

ネットカフェ難民を新種のホームレスとする向きがあるらしいが、間違いである。ネットカフェ難民は、僕もそうだが、皆たいてい若い。いや、実際は誇るほどの若さもないのだが、年齢はともかくとして、社会的に若いのである。未熟と言い換えてもいい。前述のように僕はニートだった（本質的には、今だってそうだ）。ニートは、もとより家を持たぬ種族である。もちろん、屋根のあるしっかりとした家屋に蟄居《ちっきょ》していたわけだが、それは僕の父母が苦労して築いた家であり、物理的な意味においても精神的な役割においても、僕の所有物としての家ではなく、僕はただそこに居させてもらっただけにすぎない。つまり、捨てるべき家など当初からないので、ニートをやめた今も、ホームレスにはなれないのである。

吾妻ひでおの『失踪日記』は名著であり、すばらしい「漫画」である。ニート時代に読んだとき、僕の最初の感想は「うらやましい」だった。何がうらやましいのか。それは「失踪」できる事実そのものである。失踪は読んで字のごとく、失われた状況に対して使われる言葉である。失った事態を自覚できる環境から、はじめて生み出される言葉なのである。したがって「オレ、逃走中なんだ」とは言えるが「オレ、失踪中なんだ」とは言えない。間違った日本語（漢語）の使い方になる。

ニートは、どだい、失うものがない。社会的地位も、仕事での業績も、家族も、財産もない。要するに、何も失えない。「失踪」するのも「ホームレス」になるのも、それまでの人生とその生活において、懸命に戦っていた立派な人にのみ、許される技なのである。

したがって、ネットカフェ難民にホームレスの尊称は不似合いであるばかりか、不適切な表現ですらある。

4日目 ネットカフェ難民と2ちゃんねる

昨晩はすぐに眠れた。そしてすっと目覚めた。一〇時に入店して、朝六時に起床、店を出る。すると外は雨だった。どうしたものかと思案に暮れた結果、すぐ近くのマクドナルドへ。朝マックなるものを注文し、食べ、タバコを吸い、持っていた本を読んだ。夢中になって読んでいたら、あっという間に昼になった。店内が混雑を始める。迷惑だろうなあと思ったので、店を出る。雨は止んでいた。ペットボトルのジュースとタオルを買い、**上野公園**[*9]へ。精養軒、上野の森美術館と通り過ぎ、近くのベンチに座る。三人掛けのベンチの左端に腰を落とす。タオルで鼻より上を隠し、あれやこれやと考えてみる。そういえば、いつからか、上野公園のベンチには、腰一人分に応じた手すりがついた。つまり、横倒しになってベンチを占拠する真似が出来なくなったのである。三人掛けのベンチであるならば、人間三人が座るべしという方針なのだろう。ごろんと横になってベンチで眠る仕草は絵になりこそすれ迷惑千万であることは疑いのない事実。冷たい仕打ちとも思ったが、しかし、納得しなければならない。

などと考えていたら僕の隣に座る人、二人。タオル越しにチラと見る。くたびれたスーツのおじさんと、黒い髪が豊かな、やはり中年と思われる男性。黒髪の方は顔が見えない。相手の方に身体を向けているからだ。スーツのおじさんはにこにこと嬉しそう。少し予感がする。二人とも静かだったが、しばらくすると、案の定と言うか、黒髪の方が身体をくねくねとうごめかせた。やっぱり、と思いつつ立ち上がる。スーツのおじさんの右手が黒髪の股間に伸びている。昼下がり、平日とあって園内の人出は少なかったが、それでもたいしたものだ。まあ、人目をはばかるようなことでもないか。がんばれとエールを念じ、その場を去る。そのまま広小路を南下、また秋葉原へ。「とらのあな」に寄る。立ち読みばかりも悪いと思い、たっぷりと吟味を重ねてから、官能小説を一冊買う。まだ夕方六時をちょっと過ぎたばかりだったが、漫画喫茶へ。先日とは違うところ、まだ**一〇代の頃、よく通っていた漫画喫茶**[*10]へ。

この日の夜、僕はすることのなさ具合に、途方に暮れた。漫画は少しもおもしろくなく、ならば寝てしまえとも思ったが、眠れない。ヒルティの『眠られぬ夜のために』は人間よりも人間の精神を愛してやまぬ筆者の、優しく、それでいて賢い思想に充ち満ちた名著だが、かつて何よりも僕を虜にさせたのは、その建設的な態度だった。夜をいたずらに消費しないという姿勢は、かつての僕を幾度となく首肯せしめたものである（そして、実際読むとすぐに眠くなってしまうという効用を備えていた。名に違わぬ本である）。結果は今のようになってしまった僕なので、名著から何も学んでいない人間といえばまったくその通りだが、僕が悪いだけ、本に責任はない。

漫画が第二の『眠られぬ夜のために』にならないとすれば、どうするか。しばらく考えてから、僕はインターネットに手を触れた。せっかくネットカフェ難民を決意したのだから、ネットをしないのもどうかと思われる。

ゲームなどはあまりやらないタチなので、僕は**2ちゃんねる**[*11]をやってみることにした。一時間ほど、いろいろな掲示板をちらちらとのぞいていたら、段々と飽きてきて、次第にまぶたが重くなる。寝る。

＊9――上野公園

正式名称は確か上野恩賜公園だったか。動物園があったり美術館があったりする、非常に大きな公園である。昔は天気の良い休日などに、国立博物館の近くで炊き出しなどやっていたような気がするのだが、ネットカフェ難民をはじめてからは見なくなった。間が悪いだけなのだろうか。ただでご飯がもらえたらいいなあ、などと思いつつ、たまにのぞいてみるのだが、ハトにえさをやる人がいるくらいで、人間にスープを振る舞ってくれる人とはなかなか会えない。いっそハトのえさでも奪ってやろうかなどと思いもしたが、たかだかパンくずのためにハトと争うのは燃費計算上、どう考えても割に合わない。おまけに、あれだけの数のハトたちである、あっけなく返り討ちにあうだけのような気もするし、やはり平和の金看板を背負った輩《やから》とは拳を交えない方が賢明というもの。数多く立ち並ぶ美術館は日中の退屈凌ぎとしては悪くないのだが、いかんせん高くつく。美術館なんて全部無料にしたらいいのに、といつも思う。富める人間がお金を出して作り上げ、大衆たちにその威光を誇示するためのアイテムが、芸術ではなかったか。ならばタダで絵を見せてよ、と切に願うのだが、今では芸術も商売なのだろう、なかなか難しいらしい。その点、日曜日などに公園の隅で熱心にやっている大道芸人たちは優しい。見ていてそれほど楽しいものでもないが、しかし、見たからといってお金を要求してくるわけではないのが、よい。

＊10──一〇代の頃、よく通っていた漫画喫茶

もともと僕は漫画喫茶を頻繁に利用していた。ニートとして家にこもる前、まだ学生という肩書きがあった頃から「終電を逃しちゃった」という理由以外の理由でよく利用していた。その理由を明記するのは難しい。漫画を読むためではないし、寝るためでもなく、時間潰しのためでもない。なんとなく、落ち着いたのである。僕は狭苦しいところが好き

な人間だった。広大で、壮大で、巨大な空間は、拒絶こそしないものの（避けては通れない瞬間があることは理解していた）できるかぎり意識のセンサーを鈍くして、うやむやにやりすごすように心がけていた。自分以外のたくさんの人間がいる事実が一望のもとに晒される状況を、嫌悪したのかもしれない。あるいは、自分という個人が守りづらくなるような、空間の圧力に押しつぶされるような、そんな強迫観念が働いていたのかもしれない。

その点、漫画喫茶は優しかった。前述した「個人化」が漫画喫茶を変化させていったことは、僕にとっては好都合だった。僕はますます漫画喫茶を愛した。月に半分、漫画喫茶で暮らしたこともあった。ネットカフェ難民などという言葉がまだどこにもない時代から、僕はほぼそれと変わらない生活を経験していたのである。漫画喫茶がネットカフェと呼ばれるようになった今でも、愛は変わらず、むしろ強まっている傾向にある。

僕がニートをやめて、いよいよ本格的に難民生活をやってみようと思ったのは、してみると、その偏執的な閉所愛好も遠因の一つに数えられるかもしれない。きっかけはささいなことだとしても、潜在的な素質はいくらでもあったのだ。

個人的な背景をぐだぐだと説明するのはこのぐらいでやめておく。ネットカフェ難民を考える上で重要なのは、なぜネットカフェ難民になったのかという問題よりも、ネットカフェ難民が未来において何をしていくのかという可能性である。原因は、もちろん結果の礎であるからおろそかにはできないが、しかし、ネットカフェ難民においてはその前後、なる前となった後という区分は、決して因果に相当するものではないと感じる。うんぬんかんぬんの原因でネットカフェ難民になるヤツが増えたんだ、という論調は、一見意味があるようで、しかし、おそらく見落としているものが大量にある指摘である。「見落としているもの」に関しては後で詳しく説明するつもりだが、ともあれ、短絡的にネットカフェ難民を位置づけるのはいただけない。ネットカフェ難民がネットカフェ難民となった理由は、千差万別である。

＊11—2ちゃんねる

僕と2ちゃんねるのつきあいは、それなりの時間的歴史を持つ。が、非常に限定的な付き合い方だったとも言える。一年の、限られた時期、その中でも一日のある時間帯だけ、僕は2ちゃんねるに夢中になっていた。それ以外の時間、時節には、見向きもしなかった。

どういうことか説明しよう。

僕はプロ野球が好きだ。ひいきのチームは、横浜ベイスターズである。三歳のころ、父親に連れられて後楽園球場で巨人大洋戦を生で見て以来、ずっとファン。大洋ホエールズが、横浜大洋ホエールズ、そして横浜ベイスターズと名を変えてもファン魂には変化はなかった。埼玉で育ったので、そうそう試合観戦には出かけられなかったが、ごく稀にあるテレビ中継（相手は当然巨人だった。民放各局は巨人戦しか放送してくれない。最近はそれすらなくなりつつあるが）はかかさず見ていたし、毎朝、新聞で試合結果をチェックするのは怠らなかった。

高校を卒業し、ある程度自分のお金に自由が利くようになっても、やはり試合観戦は経済的、距離的、時間的な都合から難しく、それまでのように毎晩のスポーツニュースだけが頼りのファン生活だったが、時代が二一世紀になり（その頃から横浜ベイスターズもどんどん弱くなり始めていたが）ネット環境が身近なものとなると、状況は一変した。2ちゃんねるが、変えてくれたのである。

横浜ベイスターズの試合は、テレビ中継はおろか、ラジオですら滅多に放送してくれない。テレビ神奈川が埼玉の僻地で受信できるわけはなく、ケーブルテレビといったものも、我が家には贅沢なシロモノだった。

ところが、2ちゃんねるの実況板と呼ばれる掲示板では、不特定多数の、名もない誰かが、懸命に試合経過を「実況」してくれているのである。2ちゃんねるに出会ってから、僕にとっての横浜ベイスターズの試合は「今日は（昨日は）どうだったかな」ではなく

「今、どうなっているかな」に変わった。テレビもラジオも用をなさない僕にとって、唯一のリアルタイム（ネット上で類似したサービスを提供する他のどんなものよりも、実況速度において、2ちゃんねるの方が速かった）で野球を味わえるメディアだったのである。

実況板にある野球チャンネル、その掲示板の中で横浜ベイスターズのスレッドを探す。そこを見れば、現在のスコア、何回の攻撃で、相手投手、バッターが誰それ、などがすぐに判明する。ご丁寧に一球ごとのカウントを表示してくれる人もいる。彼らは何らかの手段で試合を「見ている」のだろう。「見られない」僕にしてみれば、神様に等しい存在だった。

それが僕と2ちゃんねるの関係だった。横浜ベイスターズが好きという理由だけが導いた仲ではあるものの、僕にしてみれば非常にありがたい、感謝すべき、そして愛すべき世界だった。試合が終わり、負ければ残念がり、勝てば大喜びを、名も顔も知らぬネット上の隣人たちと共有する。それは幸福な体験だった。世間で言われるような2ちゃんねるに対するネガティブな印象は、僕には皆無だったのである。

だとすると、ネットカフェ難民生活四日目の夜に、僕が2ちゃんねるの門を叩いたのは、無意識のうちに同胞を求めるという、人間的野性（本能ではない）の結果だったのかもしれない。

誰もいないネットカフェの孤独な夜。が、2ちゃんねるの世界には、こんな夜更けでも誰かがいる。その事実が難民の心を少しでも癒してくれるのであれば、2ちゃんねるもなかなか捨てがたい存在と言える。

もちろん、2ちゃんねるには、目をつむりたくなるような罵詈雑言や戯言も横行しているが、そんなもので感情を乱されるような人は、ネットなんぞにアクセスしない方が賢明というもの。気になるようなら文字通り目をつむってしまえばそれですむし、そもそも匿名の掲示板における誹謗中傷ですぐさま命が奪われるわけでもない（生命に関わるような事件に発展することもあるにはあるが、モニターを見ているだけで殺されるわけではない。咀嚼の仕方が肝要だ）。2ちゃんねるの匿名性は、その陰湿な攻撃性を以て非難される向きがあるようだが、僕に言わせればむしろ防御的性格の方が強い。匿名の集団だからこそ、何を言われても平気の平左、安穏無事としていられるのである。自分の名前を表明した上で「逝ってよし」「死ね。氏ねじゃなくて死ね」などと言われた日には確かに絶望してもおかしくはないが、こちらの正体を知らずに向けられる悪意は雨の日の地下街だ。多少はじめじめするものの、濡れて困るほどではない。

逆も真なりで、善意すらも匿名であるがゆえに成立する。同じような境遇の人はいるかしらんと思い、この日、僕は「無職・だめ」と題された掲示板を覗いてみた。たまたま目に付いた「昭和五六年生まれの無職・だめ人間」というスレッドを「ニートを卒業してネットカフェ難民になった自分はやっぱりダメな人間？」などと思いつつ眺めていると、意外や意外、琴線に触れる（簡単に触れてしまうあたり、やはり僕はだめ人間なのだろう）優しい言葉たちが溢れていた。「ガンバレ」とか「俺もそうだよ」とか「生きてりゃいいことあるさ」とか「ここが踏ん張りどころだろ！」とか。同情、憐憫、激励、慰めあい、などなどである。が、そうしたやりとりは、無名同士の人間だからこそ許される。名を持つ他人から名を持つ自分へのメッセージならば、憐れみも励ましもごめんこうむりたいところ。そうそう素直に受け取れるものではない。顔の見えないもの同士ゆえに、傷の舐めあいにも情が湧く。見知った人間を舐めてあげたい（あるいは舐められたい）と思うような人は、なかなかいないのが普通である。

好悪の別なく、あるいはポジティブネガティブ関係なく、ある一定の感情を「表現する」場所として、2ちゃんねるは素晴らしく有機的な世界だと僕は考えている。従来、発言や表現は誰にでも許される所業ではなかった。それは特定の選ばれた個人にのみ可能な技（スキル）だった。選りすぐりの個人たちがそれらを代弁してくれていたのが前世紀的な方法論だったが、それを万人の権利へと変化せしめた（別な見方をすれば、そこに義務が欠落しているがゆえに、2ちゃんねるは批判されるのかもしれない）2ちゃんねるは、その点だけをとっても、非常に意義の深いメディアである。もっとも、それがネットの世界でのみ可能であるという現在の状況は、議論の余地があるだろう。ネットが現実から奪ったのか、あるいは力を失った現実の代替役としてネットが繁栄を始めたのか、これは興味深い問題である（性急な結論ならすぐ出せる）。が、それを考えるのは、また別の機会にゆっくりとやることにしたい。

お金[12]が減ってきた。使ってばかりだから、当たり前ではある。手元には三万円と少し。ネットカフェ代金がだいたい一泊二〇〇〇円前後だとして、ご飯代、飲み物代、あまりしないが他に買い物などしたりすると、一日平均三〇〇〇〜四〇〇〇円程度使用していることになる。ここ四日ほどは、なぜか空腹にならなかったので食費が比較的安く済んでいるが、日中の過ごし方次第では、急な出費が生じないとも限らない。さて、どうしたものか。

おそるべきことだが、この段階の僕には**働く**[13]**という発想**が一切なかった。まず第一に考えたのは**貯金**[14]を切り崩すことである。この日、僕は朝一番で銀行へ。残高照会をすると、三万三四六二円と機械が教えてくれた。思ったよりあるなあと昔日の自分に感心し、感謝し、ほぼ全額、三万三〇〇〇円を引き出す。これで所持金が六万円を超えた。さて、どうするか。

特に何をしたわけでもないのに一万円札が六枚あるだけで気分が大きくなる。昼間から焼き肉でも食ってやろうか、それとも**みはし**[15]でフルスペックのあんみつに舌鼓でも打ってやろうか、などと考えているうちはよかったが、上野の街を練り歩くうちによからぬ誘惑に背中を押された。増やそうと企んだのである。

僕は麻雀が好きだ。高校時代からフリー雀荘に通い詰め、卒業後はますますのめり込み、一九の誕生日も二〇の誕生日も雀荘で迎えたほどの人間である。ニートになってからはすっかりやらなくなったが、ネットカフェ難民として昼間の世の中をあてどなく歩いていると、むくむくと昔の血が騒ぎ出した。よし、六万円を増やしてしまおう。僕はかつて日参していた点五の雀荘に飛び込んだ。

昼前から夕暮れ時まで目一杯、半荘八回打ってトップが三回、二位が二回、三位が一回、ビリが二回。四〇〇〇円ぐらい勝っただろうか。割合身体が覚えているものだと得心し、これぐらい好調ならレートをあげてもいいかもしれないとバカなことを考え、河岸を変え、栄町通りにある点ピンの雀荘へ。

負ける。半荘三回打ってビリ、ビリ、三位と散々。あっという間に二万円近く負けたのですぐさま退散する。所持金が四万円とちょっとになってしまう。こつこつやるべきか、と悔い改め、再び先ほどの点五の雀荘へ。再び猛然と打ち始めるが、一度ついたケチは拭えぬようで、成績は芳しくない。夜一一時頃にはさらに一万円ほど負けていた。今日一日で、朝おろした貯金分ぐらい負けたのを確認し、ここが引き時かとあきらめ、やめる。

フリー雀荘には必ず待ち合いがある。お客はいつでもすぐ卓に着ける（麻雀が開始できる）

とは限らないので、卓に欠員が生じるまで待つ場所が必要なのである。やめた僕は、ちょっとだけ一息つこうと思い、待ち合いのイスに腰掛けた。タバコを一服。するとお客さんが入店してきた。ピンク色のポロシャツ、白いズボン、サンダルというラフな格好。血色の良い表情。せり上がった額。上野らしいといえば非常に上野らしいオッサンである。オッサン、待ち合いのイスにどすんと座り、店員を捕まえて会話。パチンコの話らしい。ギャンブラーがギャンブルの話をするとき、ほぼ九割方が勝ち自慢であるというのは、自分の経験上真実である。オッサンの笑顔を見るに、多分勝ったのだろう。卓の方から「すいませーん、ウーロン一つ」と誰かの声があがり、店員さん、「はい、よろこんでー」と掛け声一つ、駆けていく。自慢相手が消えたオッサン、今度は僕に話しかけてきた。一杯引っかけてきたのか、顔が赤い。

「角台で七〇〇回ってたの、座って二〇〇〇円で七で揃ったの、そっから八連してさ、八箱積んで確変中で閉店しちゃったの、いや、やっぱ、初当り七は噴くね」

「そう言いますよね、確かに」

急に話を向けられて慌てたが、なんとか気のない返事を作ってみせた。

「等価で五万以上は勝ったな、いや、確変で終わっちゃったけど、ありゃ明日も来ると思う、俺は、そう思う、うん」

とオッサン、そこで一区切り、にやりと僕を見て、

「あんたァ、その台、明日朝一で座っておいてくれねえか」

と小声でささやくのである。僕、「いやあ、明日は朝から仕事で」などと苦しい嘘、オッサン、ピースサイン、囁くように「二万渡すよ」と言い、「僕もやりたいんですけどねェ」などと僕はしどろもどろ、オッサン、フンと鼻で笑って、僕は逃げるように雀荘を出た。

あれはサクラの誘いである。おそらくオッサンはスカウトなのだろう。現ナマを握らせてパチンコをさせる。するとうまいことできていて、多分つかまされた金額をちょうど使い切りそうなところで大当たり、昼前にはドカンとドル箱を大盛りにできる。が、それは店としての見せ台である。ほら、ウチの店はこんなに出ますよ、大当たり確実ですよ、と何も知らぬ客に思わせるための人間広告塔。午後頭には打ち止め。午前中これだけ噴いた台なのだからきっと、あるいは午前中からこれだけ出す店ならいけるかも、とあらぬ期待を抱いた素人さんがその台に座っても、その店に突撃しても、戦果は、まあ、たいしたことはないはずだ。もちろんサクラが打って出した玉は、サクラのものにはならない。規定通り玉を流し、景品と交換したところでおしまい。サクラ、ご苦労さんと、いくらかは謝礼も出るかもしれないが、おそらくは微々たる額。

しかし、正直なところ、僕はその微々たる額に揺れた。バイトと思えば、なかなか楽な仕事である。座ってパチンコするだけ。おそらくは一万円ももらえないだろうが、五〇〇〇円だとしても、ネットカフェ難民を一日やって、お釣りがくる金額だ。オッサンも人を見る目がある。それっぽい若者、根無し草で日銭を欲してやまないような、だがまじめに働きそうには見えない、ダメな人間を探してはああして声をかけているのだろう。問題なのは、僕がそうした人間に見られたことであるが……いや、反論の余地はない。オッサン、正解だ。

僕は麻雀だけでなく、他の何かにも負けたような気がして、とぼとぼとネットカフェに帰った。さっさと**寝る**[*16]ことにする。

＊12―お金　ニート時代はまったく無視していた存在。あろうがなかろうが関係ないものと思っていた。今でもその考えは、あまり変わりない。「なさすぎるとさすがに困る」ことはネットカフェ難民生活によって体感できたが、「あり余るほどあったところでどうにかなるわけではない」とも思っている。もっとも、そんなにたくさんのお金を得たことがないので、何とも言えない。

＊13―働くという発想
それが湧かないのも当然と言えば当然。なにしろ数年近く働いていなかったのだから。労働という行為がどんな種類のものかも忘れていた。生きることと働くことがほぼ同義とされている部分もある世の中だが、生意気を承知で言わせてもらえば、それは狭い了見だ。生きるという行為の意味は、そんなに底の浅いものではない。このときも今もそうだが、生きる過程で労働が顔を出す場面があって然るべきだとは重々思うものの、できるかぎりその割合を薄く、小さくしなければならないと考えている。人はパンのために生きるわけではない。というか、パンのための人生を選ぶのならば、即刻ネットカフェ難民から足を洗い、もっと簡単かつ合理的に生きている。ネットカフェ難民は上手にパンを買えない人間ではなく、世の中にパンよりも意義のある何かがあることを知り、あるいは求めている人種である、と言ったら言いすぎだろうか。

＊14―貯金
経済感覚の薄さからか、どうも数字になったお金に対して親身になれない。貯金箱ならまだしも、銀行預金なんぞは僕にしてみれば賽銭箱に放り投げた自分の小銭よりも、自分

のものであるという感覚が希薄である。賽銭箱に吸い込まれた一〇〇円玉は、御利益だの細やかな願いだの、無形だが一応は何かしらの意義を発生させる。つまり、一〇〇円への対価があるように思える。が、銀行のATMが表示する惨めな級数の小さい数字たちは、何にもならない。貯金の恩恵とやらに与《あずか》った経験もない身としては、それは精神的安寧にも直結しない。それなら、まだ財布の重みとなってくれたほうが、心身を鍛える糧になるような気がする。装備品が一〇〇〇円札一枚分重いだけでも、一歩を踏み出す気力体力はきっと奪われるはずだろうから。

＊15―みはし

上野広小路、ヨドバシカメラの隣にある甘味処。ネットカフェ難民を長くやっていると、甘いものを口にしなくなる。いや、ドリンクバーでいくらでも糖分たっぷりのジュースを飲めるわけだが、さしておいしくもないジュースは、そうそう何杯も飲めるものではない。僕は栄養管理の見地から、定期的にパフェだのアイスクリームだのを食べるように心がけていた。みはしのあんみつもそうした意味で時々食べていたのだが、とてもおいしい。高級品なので、食べるときは何十分と時間をかけてじっくりじっくり味わった。ちなみに

「フルスペック」とは、すべてのトッピング、白玉だの抹茶アイスだのフルーツだのを混ぜ合わせた豪華版のこと。日雇いバイトの時給一時間分ぐらいの値段になるが、その価値に見合った満足を得られる。

＊16―寝る

人間、眠くなれば勝手に眠るものだが、眠るのと寝るのとは違う。眠るのは肉体の仕事だが、寝るのは人間の技であり業であり、道ですらある。寝道とでも呼べば格好がつくだろうか。茶道や華道ほどの格式もなく、柔道や剣道ほど立派でもないが、極めると便利である。

僕の数少ない特技の一つが、この寝道だ。いつでも、どこでも、だれとでも、僕は寝ることができる。逆に三日三晩寝ないで過ごすこともできる。自分が根性のある人間だとはかけらも思わないが、こと寝ることに関しては根性論を超えた神業的なコントロールが可能だ。寝たいと思えば、朝だろうが昼だろうが夜だろうがお構いなしに寝るし、新幹線の車両と車両の間だろうが深夜の地下街だろうが関係なく寝るし、山小屋で隣のおばさんが大いびき、おまけにこちらの毛布を巻き取るようなつわものであっても、気にせず寝る。

そんな僕に言わせると、ネットカフェでの「寝る」には、一工夫が必要である。経験上、たいていのネットカフェは身長一七〇センチメートルの僕が目一杯手足を伸ばして熟睡できる作りになっていない。いや、身長の高低に関わらず、おそらくほとんどの人は、ネットカフェにおける睡眠に窮屈を覚えるに違いない。一夜限りの関係ならまあ我慢の仕様もあるが、ネットカフェ難民にとっては毎日のつきあいとなるわけで、あまりバカにできない問題である。ここでは僕が考案した「いかにネットカフェで快適に寝るか」を座席のタイプ別にご紹介する。これからネットカフェ難民でもやってみようかしらと思う方は、ぜひとも参考にしていただきたい。

・リクライニングシートタイプ

もっともオーソドックスなタイプ。個室があり、大きなリクライニングシートがある。漫画を読んでジュースをするには快適なイス。脚を置く台も付属するのが普通。極力イスをフラットに近い状態にして身体を横たえて脚を乗せれば、まあ、寝るのに支障はない。が、この体勢は長期的に見て腰に負担がかかる。腰を支点に身体を微妙に曲げた状態になるので、三日もすると妙に背骨が軋み、下半身が重たい感触に悩むはめになる。

解決策は二つある。

一つは、背もたれ部分に身体をあずけない方法。体育座りのような姿勢で身体の左右どちらかの側面を下に向け、シートの前側半分と脚を置く台の上に、身体をちょこんと乗せるのである。そんな器用な真似、と思われるかもしれないが、慣れればそれほど難しいことはない。格好が胎児のように見えないこともないことから、母胎回帰法と呼ぶ。

もう一つは、勇気を出してシートそのものを捨てる方法。なまじリクライニングシートなぞに頼るから、身体が不自由をきたすのである。ならば原初に戻って、地面に寝ようという発想。まずシートを狭い個室の中でできるかぎり端に寄せ、あまったスペースに身体を横たえる。イスの脚や脚置き台の隙間を縫うようにして身体を這わせる。姿勢はやはり左右どちらかの身体の側面を地面へ。鞄を枕にする。土足の空間に寝転ぶのに抵抗を感じる人は、ネットカフェ難民の資格がない。他人の靴裏よりも、自分の身体が汚いと思えないようではまだまだ浅い、としたら言い過ぎか。狭苦しいネットカフェの個室がさらに狭苦しくなるように思えるかもしれないが、存外人間の野性に近い形状なのか、苦しさはそれほどではない。加えて暑すぎたり寒すぎたりするネットカフェの乱暴な空調から一番逃げられるポジションでもある。この方法は、単純に床寝と呼ぶ。

・フラットタイプ

あるところにはあるタイプ。個室空間の床全体がややかためのクッション的な素材（畳だったりするところもある）でできており、リクライニングシートの替わりに座イスが置いてある。座イスはそれほど大きくないので片付けやすい。長方形の床面、対角線上に身体を横たえる。後は床寝方式。ちょっと膝から下を曲げるだけで身体はすっぽり空間に収まる。一番寝やすいタイプ。おおむね料金が高い。

・長イスタイプ

個室全体が妙に細長く、置かれているイスもイスではなく、電車のシートのように横に長い。たいてい背もたれがないので、長時間の作業には不向きだが、寝やすい環境ではある。電車のシートと書いたが、ちょうど優先席ぐらいの長さ（人間三人が腰掛けられる程度）がある。まっすぐに身体を横たえると、脚が少々はみ出るので、そのまま宙ぶらりんにしておくか、膝から下を垂らすか、まあ自由自在。ただ、縦に長い分、横幅が狭いので、寝相が悪い人にはオススメできない。

・オープンスペースタイプ

個室ではなく、机とイスがあるだけの剝き出しの空間にユーザーが一席をあてがわれるタイプ。寝るという観点からすると、快適さは皆無。店側としても長時間滞在の客は想定していないのだろう、パソコンすら置いてないケースが多いので、ネットカフェ難民としては使用がためらわれる場所ではある。自前でパソコンが用意できるのならいいが、なければ漫画を読み耽るぐらいしかすることがない。寝るのはさらにむずかしい。クッション性のあるイスならふんぞり返って寝るのもいいが、ただの固いイスだと、机に突っ伏して寝る「授業中睡眠スタイル」しか選べない。寝るには寝られるが、当然疲れる。メリットがあるとしたら、個室仕様料金よりも安い場合が多く、加えて混雑時にも空いている可能性があるぐらいか。いずれにせよせっぱつまったとき以外は利用を避けたい席ではある。

以上がケース別の寝方である。多様化する昨今のネットカフェではもっと工夫と創意に富んだブースがあったりするし、フラットタイプ一つとっても部屋の大小があったりするのだが、主要なものとしてはだいたいこれぐらいかと思われる（文中の肉体的な負担に対する見解には一切の医学的根拠はないので、参照の際にはくれぐれもご注意されたし）。

だが、寝方以上に重要な問題がある。それは何かといえば、もちろんお金である。

ネットカフェ難民にとってネットカフェが家であるとすれば、この家は非常に限定的な機能しか果たしていない。つまり、寝る場所としての役割である。細かいポイントを挙げ連ねればいくらでもあるにはあるのだが、最も重要な部分が「睡眠をとるための場所」としての機能であるとすれば、極論してしまうと、ネットカフェ難民とは、睡眠にお金を払う人種であると定義することができる。宿泊にお金がかかるのではない。眠る行為に、対価が発生するのである。こんなに不経済なことはないとも思うが、しかし、どうしようもない事実である。ただで眠りたければ、ネットカフェ難民をやめて、別の難民となるしかない。

6日目 ネットカフェ難民、パチンコに負けてタバコを拾う

よく寝た。目覚めると九時半。残金はついに三万円を切った。いかにお金に無頓着な僕としてもそろそろ先行きの不安が頭をもたげる頃である。店を出て街を歩く僕の脳裏に、昨晩雀荘で出会ったオッサンの顔が浮かぶ。消そうとしても、その仄《ほの》かな誘惑は、暗い、しつこい炎となって煌々《こうこう》と燃えたぎる。

パチンコを、やってみたくなった。無邪気に「もしかしたら勝てるかもしれない」などとは思わない。昨日のオッサンしかり、魑魅魍魎《ちみもうりょう》蠢《うごめ》く世界、たまさか勝つことはあっても、いずれはあの手この手で籠絡せしめられ、奈落の底に叩きつけられるに決まっている。僕は自分の目の前に突きつけられた金貨が落とし穴の上に置かれたものであることをわかっていた。

が、わかっていてなお、抗い切れぬ衝動が生まれる。そもそも「落とし穴の上に金貨を置く」のは、「そこに落とし穴があることを教えるため」である。仕掛けられた側は、それを承知の上で、「落とし穴に嵌まらずに金貨を取る方法があるはずだ」と、騙そうとした側を騙し返す未来に思いをはせる。それが駆け引きであり、ギャンブルのおもしろさなのである。「わ

あ、金貨だ」と慌てて飛びつく単純な人間は、そうそういないし、もとより仕掛けた側も想定していない人種なので、世話はない。

つまり、僕に芽生えた誘惑とは、金貨に対する直接的な欲望ではなく、騙そうとする人間の裏をかきたい、思惑を侍らせる人間の一枚上手を行ってみたいという欲求なのだ。彼らにしてみれば、このときの僕はもっとも「望むところ」の相手であったに違いない。しかし、僕はためらわなかった。午前十時、開店と同時に僕はパチンコ屋に突貫した。

僕よりも早く並んでいたと思われる人間が駆け足に飛びつく台は、あえて無視。彼らが魅力を感じないであろう台を探す。導入間もない新台はパス。出入り口に近いところにある海物語系もパス。大量に導入されている人気台もやはりパス。僕は店の地下、撤去間近を臭わせる寂しそうな台を選び、端を捨て、角から二つ目の台に着席。手元に残った三枚の福沢諭吉のうち、一枚を勢いよく投入。勝負の開始である。

作戦とも呼べぬような作戦だが、とりあえず功を奏したようで、五〇〇〇円使ったところで大当たり。確変を引き、五連荘。等価交換なので、だいたい三万五〇〇〇円ほどか。漫画原作のタイアップ機で、なかなか演出がおもしろかったせいもあり、時短終了後、ついつい二箱ほど突っ込んでしまう。が、当たらず。三箱になってしまう。慌てて玉を流し、換金。店を出るが、まだいける、と根拠のない自信がふつふつと湧いてしまい、別の店へ。

が、そこでは簡単に負けた。昼過ぎ、五〇〇〇回転当り無しの台を狙ってみたが、不発。一軒目の勝ちが吹き飛び、悔しいのでまた別の店へ。しかし、敗北。あっと言う間に二万円が消え去り、一万円札、残り、一枚。こりゃダメだと思い、午後三時、パチンコ屋から、いや、パチンコ屋ひしめく上野全体から去ることにする。

京浜東北線に乗り南下。蒲田で下車。

道すがら、自分の愚かさに笑う。昨日という卑近な過去すら教材にしえぬ頭の悪さ。軽挙妄動にもほどがある。浅薄。愚昧。無知。無思慮。思いつく限りの侮蔑を自分に浴びせ、語彙が枯渇したところで許してやることにする。

蒲田駅を降りて駅前の商店街をふらふらと。夕暮れ前の商店街は徐々に増えるであろう人間に向けて牙を研ぐ店たちの静かな熱気で、艶めかしい生活感に溢れていた。その空気にあてられて、道を逸れる。健常な生活の息吹がまぶしく思えたのか、煩わしく感じたのか、理由はわからないがとにかく消えようと思った。自分のような人間が汚してはいけない空気を察知したのかもしれぬ。アーケードから脇道に入り、数歩。コインパーキングの前のアスファルトに見慣れた色を見つける。白地にピンクの帯、赤い丸。タバコだ。キャスターだ。駆け寄って拾う。さっと周囲を窺う。自転車をずいずいと、杖代わりにゆったりと前進する白髪の老婆と目が合う。しゃがんでタバコに手を伸ばした僕は、腰を上げられなかった。老婆の視線に斬られたからだ。雨戸の隙間から差す朝日と直面するように老婆は目を細め、綺麗に白く光る頭髪を左右に揺らし、唇をきっと結んだ。深い皺に覆われた頬へ、影が落ちる。

乱暴だ。そりゃあんまりだ。殴られたような衝撃が下半身に走る。靴紐を結ぶふりでもしようかと思ったが、あいにく紐のない靴だった。とりあえずタバコを胸ポケットに収め、ごほんと咳払い。老婆は動かず、動けない僕を見ている。

ここは負けておけ。僕の中の僕が慌ててアドバイス。すぐさま同意して、さっと立ち上がり、老婆を見ず、背を向けて足早にその場を去る。蒲田の街をあてどなく闇雲に歩き回る。歩きながら、意味のない抗弁をつらつらと練っていた。

乱暴と感じたのは老婆の視線に侮蔑を感じたからではない。「いい若いもんが道端に落ちているタバコなんか拾おうとして……マッタク」と思われる分には、構わない。実際その通りなので反論はない。「みっともないことしてないで、働きなさいよ」と諭されたとしても、諾としてうなずくだけだ。「情けない……」と呆れられたとしても大人しく頭を垂れる。

が、老婆は肯定した。感情も社会的理念も排した、ただ純粋な肯定である。そこにいる僕を、単に認めたのである。「落ちているタバコに飛びついた人間」を、そのまま「落ちているタバコを拾おうとしている人間」として認識したのである。それは間違っていない。正しい。それは紛れもなく僕。僕の姿。しかし、それは姿でしかない。姿形だけの僕だ。内面は映っていない、少なくとも直接的には。だが老婆は内面を否定した。見ようとすらしなかった。屈折して現れる「反映」すらも探そうとはしなかった。姿形以上の僕を知ろうとしなかった、いや、そこで完結させられてしまったのである。

否定も批判も非難も、状況を受け入れる段階が必要である。だとすれば肯定作業の変種であると言えなくもないが、老婆はその作業を放棄し、僕の存在を視認した瞬間に「あきらめた」のだ。それを指して僕は「乱暴だ」と思ったのである。この手の第一次遭遇（そこから先が決して発生しないタイプの出会いである）は、胸を張って生きていない人種にとっては一番痛いのだが、文句は言えない。言う権利はない。老婆は何も悪くない。

などと考えていたら日が暮れた。思考はいい。思考している間は外の目をあまり気にせずに済む。先ほどのタバコに目を奪われたときのように、思考がぱたりと途絶え、意識が外部へとこぼれた瞬間が危ないのである。老婆の視線よろしく、苦しい第一次遭遇に曝《さら》される可能性がぐっと高まる。

思考をさらに続けるべく、僕の足はディオゲネスの樽へと向かった。蒲田にはネットカフェが多い。雑居ビルの谷間を縫うようにして漫画喫茶やネットカフェの看板が立ち並ぶ。同業者の多さは価格競争を生む。何店か価格を比較してみて、一番安いところに飛び込む。

時刻はまだ八時前だというのに、店内はわりと混んでいた。席が半数以上埋まっている。なるほど、考えることはみな同じか。ネットカフェ難民は住宅ローンを日払いする人種。一日の支払い額は少ないほどよい。安い場所に人気が集まるのは道理。

安息の缶詰め小屋に入り、狭いシートで身体を何とか伸ばす。落ち着く。なかなか**サービス**[*17]の良い部屋だ。貴重品用ロッカーはもちろん、ティッシュや毛布、サンダルまであった。値段の割には悪くないとうなずいて、早々に寝ることに。入店時間が早かったため、夜更かしして昼まで寝たりすると高くつく。数時間寝て、明け方の早い段階には店を出ようと考える。胸の内にくすぶるものがあり、胃の底の方がやけに重たかったが、すぐにまぶたが落ちた。

＊17―**サービス**

サービスと書いたが、はて、ネットカフェにおけるサービスとは何か。経験から得た範囲で、いくつかの観点でサービスについて考えてみたい。

・**漫画**

純粋な漫画喫茶はもはや絶滅しつつある。主役はパソコンであり、それゆえにネットカフェの呼称が勢力を増しつつある状況に関しては前述の通りだが、だからといって漫画がなくなってしまうのかといえば、そうでもない。漫画を置くスペースがあるネットカフェには、当然のように毎月新刊が入るし、過去の人気作品も一通りそろっていると考えてよい。この点に関して、地域性や店独自の方向性があったらおもしろいだろうなあと期待して探してみたが、場所や店舗によってさしたる大きな違いは発見できなかった。

ただ、僕が実際に体験した店の中で、一軒だけおもしろいところがあった。秋葉原にある店で（実名を出すのは控えるが）細い雑居ビルの四階から七階までが店舗という、縦に長い一風変わった店である。各階にドリンクバーが設置されているわけではないので、ドリンクのためにわざわざ階段を上り下りしなければならないのが難だが、本棚に特色があった。

とても秋葉原的なのである。譬《たと》えるなら、ちばあきおは読めないが、私屋カヲルは読める感じ。週刊少年誌的なラインナップは極力抑え、あずまんが大王的なB５判四コマ漫画や、メディアミックスありきの漫画などを豊富に取りそろえている。また『ゼロの使い魔』『涼宮ハルヒ』など、ライトノベルが用意されているのも非常に珍しい。僕は文芸評論家ではないので、『カラマーゾフの兄弟』も『涼宮ハルヒの憂鬱』も、どちらも同じ「文字が印刷された紙を束ねたもの」としか思わないが、ネットカフェ難民的な尺度で言うと、前者は三日間分の昼間の退屈を消費でき、後者は夜中の三〇分を五分程度の感覚に圧縮する。要は読了にかかる長さが違うだけのことだが、仮に二つが同じ値段で売っていた場合、時間単価から考えると、ネットカフェ難民としては前者を選びたい。以上のような理由からライトノベルはあまり好きではないが、ネットカフェに置かれているとすれば、漫画に飽きてしまったときのカンフル剤としてはありかもしれない。ありとあらゆるライトノベルと呼ばれるものを読んだわけではないからあまり偉そうに語るのも憚られるが、おおむね魔法が使えたり、敵と戦ったり、主人公が恋愛したりしなかったりするような内容が延々続くだけのようだ。文字情報しかない分、想像力がそれなりに喚起されるので、なまった脳に刺激を与える簡単なクロスワードパズルだと思えば、悪くないアイテムである。

もう一つ、この店の極め付けは同人誌が読めるという点だ。「セーラームーン」とか「らんま1／2」とか「ゴッドマーズ」（成年向けではあったが、男子向けではなかった）などがあり、懐かしさとプライベートな臭いの双方を強く感じさせるチョイスである。嬉しい人にとっては嬉しい店かもしれない。

こうした特色をサービスと思うのであれば、確かにサービスである。「退屈凌ぎができればなんでもいいや」という人にはどうでもよいことかもしれないが、長くネットカフェ難民をやっていると「たいていの漫画は読み尽くしちゃったよ」となってしまう事態も想定できる。漫画を読むためにネットカフェ難民をやっているわけではないが、単調な生活を彩る刺激と思えば、悪くないサービスである。

・ドリンク

腐ってもルーツは喫茶店。ならば少しぐらい飲み物にこだわるところがあってもよいはず。だが哀しいことに大半の店には無表情なドリンクバーがどすんとあるだけだ。もっとも最近は工夫を凝らすところも目立ってきている。ティーバッグの種類が豊富だったり、コーヒーや紅茶に一味加えるためのエッセンスが用意されていたりする店なども増えている。ジュースや冷たいお茶の他に、瓶に入った野菜ジュースや牛乳なども見るようになってきた。他にもなぜかアルコールがオリオンビールしかないという不思議な店があったり、ソフトクリームを自由に味わえたりするところもある。いずれにせよ水分補給という観点からは避けて通れぬドリンク問題。多少なりともサービスに変化が富んでいれば、ネットカフェ難民生活もずっと潤うものである。

ちなみに僕は空のペットボトルを常時携帯し、朝、店を出るたびに氷とドリンクで満たすように心がけている。意外とこれが生命線になったりもする。水、あなどるなかれ。

・食べ物

ネットカフェにおける食糧事情は、みすぼらしいの一言につきる。お金を払って買えるものはカップラーメンだのスナック菓子だのが関の山。郊外のネットカフェなどでは簡易な食事、スパゲティや牛丼などのいかにもファーストフード的なものをメニューに加えているところも多いが、安さこそあれ当然うまさはない。ネットカフェ難民のくせに食事の味をうんぬん言うのはちゃんちゃらおかしいと思われるかもしれないが、贅沢で言っているわけではない。こちらも生きるのに懸命なのである。生きる糧としての食事を考えたとき、これは完全に私見だが、一日二回五〇〇円以下の食事を摂るよりも、一回一〇〇〇円程度でそれなりに美味いものをたっぷり食べた方がいいと思う。おそらく栄養学的には安くても一日三食が理想なのかもしれないが、僕個人の感情としては、自分のやりかたを貫きたいと思っている。貧乏の底に生きる人間にとって重要なのは、安い満足の持続ではなく、一瞬の充足度を高めることだと信じている。

なお、店によっては簡素な食事を無料で提供してくれる仏さまのようなところもある。味噌汁、おかゆ、おにぎり、お新香などがフリーフードとして饗される。他の人の分まで食べすぎたりしないよう注意しつつ、よく噛み、よく味わい、よく食べる。こうしたサービスがある店は、ない店と比べてやや値段がはるが、朝のコンビニでパンとドリンクを買うよりは、マシなように僕は思うのである。なんだか、施しを受けているような気になり、個人的にはその感情が嫌いではないからだ（施しを喜ぶ心情をうまく説明するのは、また別の機会で行いたい。少なくとも努力の放棄やあきらめ主義的な概念が原因となっているわけではないことは明記しておく）。

・コンピューター

これも重要なサービスの一環として考えるべき要素。ただネットサーフィンしたいだけ、ただ2ちゃんねるを見たいだけ、というユーザーならばネットにつながるパソコンがあればそれでいい。が、もう少し気の利いたことをしたいと思えば別である。例えばゲーム。オンラインゲームを心ゆくまで楽しみたいと考えれば、それなりのスペックを要求したい。戦闘シーンでキャラクターがぎこちない動きをしてしまうグラフィックボードやCPUの性能では興ざめもいいところ。

パソコンに搭載されたアプリケーションも大事だ。Microsoft の Word や Excel があれば、簡単な書類仕事はそこでできてしまう。もっとも、会社の仕事をパブリックなマシーンでやるのはあまりオススメしない。個人的な作業にとどめるべきである。

ハードディスク容量も気になるところではある。ネットカフェの回線速度が自宅のネット環境よりも優れているという人には、大容量データをオンラインでやりとりするためにネットカフェを使うこともあるだろう。受け取ったデータを持ち帰るためのDVD－Rが店内で販売されており、なおかつ高速のDVD書き込み装置がパソコンに備わっていれば文句なし。

・その他

寝方に関して述べた項目と重なる部分もあるが、住環境としてネットカフェを考えた場合のサービスも存在する。例えば毛布。あるとないとではかなり違う。ネットカフェの空調は乱暴であり、情がない。したがって個人の体調など斟酌《しんしゃく》してくれない。それゆえ寝る際には身体を覆うものが欲しくなるのだが、冬場は着込んでいるからいいとして、薄着の夏場は注意がいる。うっかりTシャツ一枚でネットカフェなどに泊まろうものならたちまち凶悪な冷房にやられてしまう。クーラーが嫌いな僕は常に多めに服を重ね着している。この苦労が、毛布一枚でだいぶ軽減されるのである。

他にはシャワールーム。これも重要だ。だいたい三〇〇円前後の価格で二〇分から四〇分ぐらい利用できる。風呂なんざ入らんでも死なん、というのが僕の信条。陰金田虫も来るなら来い、ぐらいの覚悟だが、ネットカフェは大四畳半ではない。一応は集団のための空間であり、他人に迷惑をかけるのはやはり少々憚られる。したがって、あれ、ちょっと臭いかな、程度なら辛抱するが、これはダメだ、臭すぎる、と思ったらシャワールームを利用する。バロメーターとなるのは足。靴を脱いで足に鼻を近づけて、臭いなと感じるレベルならまだ大丈夫。シートにもたれ脚をのばし、つま先と鼻孔にたっぷり距離があるにもかかわらず、足下から臭いが漂ってくる段階になると、警報発生。いち早くシャワーを浴びるべきである。

あとはなんだろう。ぱっと思いつく分にはティッシュだろうか。お金を払って得ようとは思わないシロモノだが、あるべきときにはあると重宝するし、必須のケースでは必須となるものでもある。「ティッシュとネットカフェ難民」の関係については後々詳しく語ることになるだろうから、ここではこのぐらいにしておく。

以上が、ネットカフェにおけるサービスの種類である。他にもいろいろとあるが、僕の体験の中で重要視したものだけを列挙した。サービスうんぬんを長舌できるほど高尚な身分にいるとは決して思わないが、しかし、ネットカフェ難民の立場からすれば、生きることとそれ自体、すでに社会に対するある種のサービスである（下を見ることによって安心する人種へのサービス）、と言い切りたい刹那もあるのだということを、知っておいてもらえれば幸せである。

サービスとして生きる、ネットカフェ難民。これは自虐ではなく、むしろ宣誓、いや、誇張か。

7日目 ネットカフェ難民、日雇い労働を決意する

四時起床。パック料金で定められた時間まではまだ間がある。僕は一つの決意を胸に、パソコンに向かった。

働こうと考えたのである。ここの支払いを済ませたら残金は一万円を切る。やらねばならない。日払い、日雇い、などのキーワードでgoogle検索、するとわらわらとアルバイト登録サイトが出てきた。適当にアドレスをクリック。業種も何も知るもんか。日当がもらえれば何でもやります、とにかくお金を、と心中叫びつつ、適当にチョイス。一切の逡巡も躊躇もなく応募のボタンを押す。名前、生年月日、連絡先となる携帯電話の番号およびアドレスを書いて送る。職業を問う欄があり、無論、無職を選ぶ。定職なぞ持っていないからバイトをするんじゃないか、変なことをきくもんだと思う。このあたりに僕のニート歴の長さに起因する社会感覚の減退具合がうかがえる。

すぐさま携帯メールに返信がくる。面接があるから来いとのこと。行く。

蒲田から品川へ。顔ぐらい洗ってから来れば良かったかなあなどと思いつつ、駅からだいぶ

離れた小さなビルの一室へ。若い男性が面接官。あっけないぐらい簡単な面接が済み、採用となる。仕事をメールで伝えるから、行けるならその旨返信して、指示にある現場へ向かえとのこと。ハイ、と返事をして、その日はそれで終了。

と思ったら、ビルを出て、品川駅に到着した途端、メールが。早速の仕事の紹介である。松戸にある工場で軽作業、とか。行きますと返事をする。

品川駅近くで、あっさりお金のあてが見つかったことに対する祝杯の意味を込めて、そして明日からの労働に向けて英気を養うべく、中華料理屋でレバニラ定食の大盛りを注文。ビールも飲む。

それから蒲田に戻り、昨日とは違うネットカフェへ。景気よく二四時間パックを選ぶ。酔いが回ってきた。酒に弱い僕。**瓶ビール一本**[*18]は絶望的な量である。ふらふらとシートにもたれ、まだ夕方だったが、睡眠。

まどろみつつ、こんな生活半年も持たんぞと冷静に突っ込む僕と会う。知るか、と突っぱねてみせる僕。意地の張り合いだが、**僕同士の争い**[*19]は僕が勝つようにできている。僕は断念し、僕は凱歌をあげ、寝た。

先のことなんて知らないし、知りたくもない。僕には明日しかない。

＊18—瓶ビール一本

　ネットカフェ難民とアルコールの関係について考えてみよう。ドリンクバーで飲み物無料とはいえ、ビールが出てくるわけはない。郊外にあるネットカフェはアルコールを販売していないことも多く、また持ち込みも禁止されている場合があるので、お酒と無縁の夜を過ごさねばならない。都内ならアルコールを商品として扱っているネットカフェは少なくないが、僕の経験上、その大半は、なぜか夜九時から一一時以降にその販売を停止してしまう。寝酒に一杯、と思うならあらかじめ近くのコンビニで買うか、あるいは晩飯の際に一本つけるか、というところだが、後者は特に不経済である。また体質もあるだろうが、飲んで寝てしまうと泥酔して朝起きられなくなる場合がある。日雇いバイトを身上とするネットカフェ難民にとっては、寝坊ほど危険かつ愚かな行為はない。が、酒は百薬の長とも言うし、たまには飲みたい気分になるのも仕方がない。であるならば、僕の考える最善のアルコール摂取タイムは、仕事のない日の早朝だ。ネットカフェを出たら即、コンビニに走り、五〇〇ミリリットルの発泡酒を買う。そしてコンビニを出るや否や、一気に飲み干す。半分飲んで残りはペットボトルに移し替えて後でちびちびやろう……などとバカなことを考えてはいけない。全部飲む。酔いが回って酩酊状態になったら、すぐさま屋根があって椅子なりベンチなりがあってお金を取られない場所を探す。図書館や大きめの大学の食堂などがオススメである。そこでグースカ夜まで寝る。あっさり時間も消費でき、酒を飲んだという満足感もあり、言うことなし。

＊19――僕同士の争い

滅多に他人と会話しないのがネットカフェ難民。そんな状況を身体が、精神が、哀れむのだろうか、勝手にもう一人の自分を形成し、語り合わせようとするのである。声にこそ出さないものの、脳内でもう一人の自分と延々会話する経験は、長くネットカフェ難民をやっていると一度ならずある出来事。罵りあうこともあるし、喧嘩もするが、そこはさすが自分同士、最後は必ず妥協という名の握手で事無きを得る。

8日目 ネットカフェ難民は旅人か

朝五時起床。ネットカフェ難民生活八日目にして、はじめて**シャワー**[*20]を浴びる。ヒゲも剃る。タオルでごしごし、これでもかというぐらい強く肌をこする。心なしか肌の色も少し白くなったように見える。シャワールームを出て一服。部屋に戻り立原あゆみの『仁義』を何冊か読み、午前七時、店を出る。身体が軽くなった。垢が落ちたからだろうか。

京浜東北線に乗り、上野へ。そこから常磐線に乗り換えて松戸へ。工業団地の一角に勤め先はあった。

九時前に到着。鞄工場らしい。雇い先に電話。現地に到着したことを伝える。それから工場の人にバイトで来た旨話すと、すぐさま現場に案内された。小柄な初老の男性が、業務を説明してくれる。

「これとこれを、テープで張り合わせて中敷きを作って、この中に、ほら、この部分が袋状になっているから、そこに入れる。フタの部分をこの特殊なテープで閉じて、完成だ。簡単だろう？」

なんの鞄かわからなかったが、袋状のそれを見る限り、巨大な保冷バッグのようである。中敷きは六〇センチメートル四方の大きな発泡スチロールの板。それを二枚組み合わせてシールでパンパンと二カ所固定し、銀色の柔らかい袋に入れる。なるほど簡単だ。ハイ、わかりましたと威勢よく返事をする。

「でも、まあ、まず中敷きを作っちゃった方がいいと、思うんだ。今日はその作業に専念して、明日、完成作業をしようか」

と老人は続けた。その言葉で初めて今日だけの任務ではないことを知る。まあ、別に構わない。収入が二日続くのは良いことだ。

工場内には僕の他にもう一人男性がいた。最初に業務を説明してくれた老人は三〇分ほど一緒に作業をした後、消えてしまった。男性と僕が残り、作業を続ける。はじめに「よろしくおねがいします」と挨拶をし、おそらくは僕よりも年長であろう大柄な男性は「どうも」とぼそぼそとしゃべっただけで、会話は終わった。

無言のまま、淡々と中敷きを作る作業を開始。手際が問題だと思っていたが、男性の仕草を観察し、真似をし、やがて慣れ始めると、非常にスムーズに量産できた。昼前には男性とほぼ同数の中敷きを完成させた。

お昼ご飯は工場の食堂で出された弁当を食べた。映画に出てくる木造の小学校のような建物だった。木造で、羽目ガラスが何とも言えず雰囲気を醸し出している。食堂でいっしょになったおばちゃんたちも、妙に人懐っこく、しゃべりかたも映画の寅さんに出てくる人物のそれに似ていた。

「あんた、新入りかい」

「あらまあ、まだ若いでしょう、うん、若いね」

「何してるの、ああ、○○宅配便のヤツね、大変ねえ」

「あれ、納期近いのよ、がんばりなさいな」

などなど、元気に大きな声でまくしたてる。こちらも、がんばりますよ、まかせてください、などと愛想よく返事。午前中一緒に仕事をした男性は無言で弁当をつついている。ちなみに弁当はひどく冷たく、そんなにおいしくもなかった。が、タダなので文句は言えない。

午後一番、作業開始と同時に男性がぽつりと話しかけてきた。

「短期バイト、でしょ」

「はい、そうです」

「学生？」

「いや、違いますけど」

「俺も短期バイトなんだ。まだ二日目だけど、今日で最後なんだ」

「はあ」

同僚氏はどうやら出会ったその日にお別れらしい。名残惜しいといった感情はまったくないので、返事に詰まる。

「今の生活も今日で終わりってこと」

「これからどうするんですか」

「お金がたまったから、旅行する」

「へえ、いいなあ」

うらやましいとはまったく思わなかったが、適当に相槌を打つ。

「どこへですか？」

「東南アジアをぐるっと、ね」

男性はどこか得意げだ。自分語りをする人間は好きでも嫌いでもなく、というより初めて直面したタイプである。僕は「へえ」と気の抜けた返答をした。男性の言った「今の生活」という言葉が気になった。僕と同じような境遇なのだろうか。

「最終的には、そこからインドまで行けたらなって思っている」

「インド、ですか」

なかなか壮大な計画だ。男性が僕と同じネットカフェ難民だと仮定して、今日までにいったいくらためたのだろうか。参考までに聞いてみたいと思ったが、お金の話は夢語りをする人相手には妙に浅ましいように思えて、口を閉じる。

男性の発言には真理があると感じた。行き当たりばったりのその日暮らしには、未来がない。未来など無用と思ってはいたが、こうして未来に目標を持ち、しっかりと実現させている人間を目の当たりにすると、悪くはないようにも思える。大事なことにすら感じる。

ひたすら中敷きを作りながら、男性の発言を僕は反芻していた。バイトでお金をためて海外旅行。ふうむ、いいかもしれない。**旅行**[*21]か。旅行など、何年も行っていない。それがどんな体験なのか、すっかり身体が忘れてしまっているようだ。どうみても三〇代半ばに見える男性が、僕よりずっと前途洋々であるような気がして、焦燥とも嫉妬ともつかぬ、妙な感慨に襲われる。そうだよなあ、生きる以上何かしら目標があるべきだよなあ、と思いつつ、具体的なイメージがちっとも湧かない。仕方がないので作業に没頭することにする。

午後六時、作業の終了を告げに、老人がやってきた。

「だいぶできたね。明日の昼からは仕上げの作業にとりかかれそうだね」

と老人が言う。一日の苦労が正当な評価で報われたように思え、嬉しかった。男性もぼそっと「ありがとうございました」とお礼を言った。老人はうんうんとうなずく。僕も深くうなずく。

老人と男性にさようならと挨拶し、松戸駅に向かう。都内に戻ろうかとも思ったが、冷静に考えればそうするメリットは何もない。念のため携帯メールを確認すると、やはり明日まで松戸で勤務せよとのこと。ならば松戸のネットカフェに泊まるべきだ。加えて給料が週払いである旨もそこに記されていた。振り込み先を送信する。収入のあてがあるだけで、薄い財布も怖くなくなる。

たいして探さなくともネットカフェは見つかった。料金も都内と大差ない。高くも安くもない。僕はすぐさま入店し、ビールを一缶買って、寝た。

＊20―シャワー

長年のニート修業のおかげか、すっかり風呂から縁遠い生活を送れるようになった。三日に一度入れば良い方、一週間入らなくとも何も感じない身体になった。皮膚だの頭部だのがかゆいなどと感じるうちは、まだ経験が浅いと言わざるをえない。もう少し辛抱を重ねれば、面の皮も自然と厚くなる。皮膚にもう一枚皮膚が重なる感覚。そこに至れば、風呂など無用の長物。無駄の極みとなる。

この日はバイトということもあって仕方なく身綺麗にするべくシャワーを浴びたが、それにしてもネットカフェのシャワーの不潔な感じといったらない。いや、お前が言うなと思われるかもしれないが、大事に育ててきた皮膚の上の皮膚、もう一枚の自分が汚れるのは（しかも、その第二の皮膚を自らの手でそぎ落とさねばならない）極力避けたいのである。しかしながら、ネットカフェのシャワールームは、おおむね狭くてじめじめ、他人が使った後など、壁面の水滴一つすら不気味に感じられ、繊細な僕としてはとてもではないが耐えられたものではない。閉ざされた空間なのをいいことに、僕はよくシャワールームでオナニーなどするのだが、もし直前の使用者が同様のことをしていたら、どうか。足下のぬるっとした何かが、他人の精液であったとすれば、これはもう筆舌尽くしがたい気持ち悪さである。

＊21―旅行

ニートで引きこもりだった自分にとってはもっとも縁遠い言葉。行きたいという欲求も生まれないまま長い間を過ごしていた。最後に旅行をしたのは、高校の卒業旅行だろうか。友人たちと春先の蔵王にスキーをやりにいった。新幹線に乗ったのも、関東を離れたのも、それが最後。ニート時代が始まってからは、実家の周囲五〇〇メートル圏内を出なくなった。どうにも動かない人生である。

ネットカフェ難民となってからは、たいして広い範囲でもないが、しかし、移動するようになった。都内をふらふらしているだけとも言えるが、移動は移動だ。今日なんか松戸まで来てしまった。上野から松戸まで移動しても、まさか旅行とは呼べまいが、しかし、ここである一つの考えが浮かぶ。

それは、日本各地を転々と旅しつつ、ネットカフェ難民をやれないだろうか、という考え、いや夢想である。

映画の「フーテンの寅さん」を僕は想像していた。寅さんのような生き方は、なかなか楽しいかもしれない。毎度、郷里の葛飾柴又に帰ってはいるが、商売をするのは旅先だ。日本全国津々浦々、露店を出しつつ闊達な口上で何かを販売して暮らす生活。ふむ、と考える。寅さんの真似はできないものか。寅さんには養うべき家族もなさそうだし、おそらくは貯蓄もないだろう。つまり、旅費と現地での滞在費が賄えるだけの儲けがあればいいわけだ。

寅さんのトランクには、商品が入っているのだろうか。高級なものを売っている雰囲気はないから、安くて小さくて仕入れも持ち運びも簡単そうなものが、商品になるのだろう。仕入れてから旅に出るのか、旅先で仕入れるのか、それは知らないが、原理は単純そうである。支出は商品の原価と、移動費と、宿泊費や食費。それらと同額の収入があればいいわけか。

一個一〇〇円のものを、一〇〇〇個仕入れて、それを二〇〇円で売る。売り上げから仕入れ値を引いても一〇万円の儲け。一〇〇〇個の商品を一週間で売り切るとして、ネットカフェに一週間滞在してかかる費用は、食費なども合わせて、三万円もあればお釣りが来るだろう。残りのお金で移動するとすれば、まあ、日本のどこでも行ける金額である。僕は本州を出たことがない。九州とか、よさそうだなあ、と特に理由もなく思う。プロ野球の交流戦の時期に合わせて行けば、ヤフードームでソフトバンク対ベイスターズの試合なんか観戦できて、楽しいかもしれない。

そこまで妄想を進めて、行き詰まった。どうやって売るんだ。素人が勝手にできる商売なんて、そうそうあるわけはない。適当に屋台まがいの店を構えて、何かを売ろうとしたところで、地元の業者もあるだろうし、ノウハウもなく、経験もない僕がうまくやれるとはまったく思わない。よしんばそれらが努力と根性でなんとかなったとしても、一体何を売るんだ。今の御時世、ネットでなんでも買える時代。わざわざ露店の業者から消費者が買いたいと思うようなものなぞ、ちょっと思いつかない。

ん、ならネットで商売すればいいいんじゃないか？　と思いつく。ネット上に出店し、自分は街から街へと渡り鳥。ネットでするお金儲けならパイオニアがたくさんいる。参考にして、真似をして、コピーをすれば、簡単な商売じみたこともできるかも……と考え、悪くはないようにも思ったが、そうなってしまうと、寅さんのような「旅をしながら商売をする」スタイルとは異なると気付き、興が醒める。

いずれにせよ、就寝前の徒然草。いくら考えたところで、さしたる意味はない。餅の絵を描くのはニートの頃で終わりにしたはずではなかったか。

9日目 機械にさせればいい仕事と機械よりも安い人間の存在

今日も鞄工場へ。作業場に昨日の男性の姿はない。午前九時。作業を開始した直後、若い男がやってきた。濃紺の作業着に身を包んでいる。つなぎタイプではなく、上だけ。そういえば昨日の男性も同じものを着ていた。僕は着たきり雀である。制服なのだろうか。なんだかサマになっているようにも見え、うらやましく思う。

堅いコンクリートの床にブルーシートを広げただけの場所が、作業場である。脇に組み立てを待つスチロールが山積みされ、幅の太いセロハンテープが大量に転がっている。道具ははさみが一つ手渡されたが、テープは手でびりっと切れるので、必要ない。つまり、セロハンテープと発泡スチロールの板だけが材料で、他には何もいらない。シンプルだ。

「作業は慣れた？」

若い男が親しげに話しかけてきた。茶色く染められた髪、フレームが赤い眼鏡、人懐っこい表情、全体に若さが溢れている雰囲気。おそらく、僕よりも年若いだろう。

「あ、ハイ、昨日一日でだいぶ慣れました」

「退屈だけど、簡単だよなあ」

「まったく、です」

実際、退屈極まる作業である。昨日は初日ということもあってか、ある程度の緊張もあり、だれることもなかった。しかし二日目はさすがに飽きて怠けることはしないものの、退屈は強く、時間の経過が長く感じられた。若い男はこの現場が長いらしく、いかに退屈が罪であるかを強弁した。

「まあ、長いっていっても今日で三日目なんだけどさ、最初にもうダメだって思ったな。時間との戦いだよ、ほんと。超ヒマなんだもん。こんなの、すげえ簡単な機械が一台あれば、一時間でやれそうじゃん」

「そうかもしれないですね」

適当に同意する。だが、その簡単な機械とやらがないために、人間が使われているのである。簡単な機械の代用品が、僕という人間なのだ。鞄工場として、この業務が日常的なものであるのなら、若い男の言う通り、機械が導入されているはずである。だが、そうでないのは、おそらくこの作業が、この工場にとって非常に臨時的なものなのに違いない。食堂で会ったおばさんの一人も言っていたように、納期も近いのだろう。仕事の内容と期限と今後の展望を見据えた上で、コストと利益を天秤にかけた結果、設備投資よりも人間の方が安いと判断したのだとすれば、僕に課せられた使命は、機械よりも魅力的な人間になること。

「あんた、**大学生**[*22]？」

突然、若い男が訊いてくる。

「いや、違います」

「フリーター？」

「そう、ですね」

「ふうん、俺は大学生。すぐそこのR大。経済学部の四年」

なんだ、退屈しのぎの自己紹介か。お前の経歴なんぞ興味ない、R大ってどこだ、などと思いもしたが、険悪な雰囲気を作る元気はもとよりないので、若い男の会話に乗ってやることにする。

「へえ、じゃあ、**就職活動**[*23]とかで忙しいんじゃないんですか」

「いや、もう内定もらった。もうすぐ夏だよ、この時期決まっていないヤツはもうダメっしょ」

元ニートに大学生の時候時節の常識を語られても困る。決まっていないどころかこちとらネットカフェ難民だ。

「いいっすねえ、こっちはフリーター生活ですよ」

「いやあ、そんないいもんじゃないよ。柏にある小さなデザイン会社だもん。企業のウェブとか折り込みチラシのデザインとかするだけ。すぐつぶれないといいんだけど。あ、つぶれなくても二、三年でやめちゃうかもな」

「やめちゃうんですか」

「スキルアップしたら、もっと大手で働きたいじゃん。三〇になって、スーパーの広告とか作ってらんないよ。どうせならＣＭとかのディレクターをやりたいって思う。タレントとか使ってさ、楽しそうじゃね？」

「そのために、まずは地道なデザイナー修業ってことですね」

「うーん、営業じゃねえの、最初にやるのは。わかんないけど。俺が本当にデザイナーなんかになったら、ウケる。自分で笑っちゃうね」

と言い、若い男は本当にへへへと笑った。作業しながらチラと横顔を覗く。若い男はにこにこしながら、それでもスムーズに作業をしていた。なんだか屈託のない素直な表情に見えた。

案外、良いデザインをするのではないか。そんな根拠の無い予感が湧いた。

昼食後、作業場に戻ると、中敷きとなる発泡スチロールの量が増えていた。

「あれ、増えてる」

と若い男が口にした。声色は明らかに不満のカラー。午前中に消化した分がまるまる追加された様子である。**「食べても食べても減らない栗饅頭」**[*24]**の話**を思い出し、僕もぞっとした。言いようのない徒労感が足下から湧いてくる。大きなため息をついて、若い男が午前中までいたポジションに腰を落とし、発泡スチロールを二枚、乱暴に手元に寄せた。僕も作業を開始する。

[*25]**絶望に暮れる贅沢**は、まだ早い。

午前中に培った和やかな雰囲気は霧消し、若い男と僕は重たい無言のままに作業を進める。しばらくすると、昨日の老人がバタバタとやってきた。

「追加分、増えたから。さっき運んだんだが、まだあるんだ。だいぶ増えちゃったから、ちょっとしたらこっちも手伝う」

老人の表情には明確な焦りがあった。昨日の計画では午後からは袋詰めの作業に入るはずだった。だが、中敷き作成作業がまだまだあるとなれば、確かに焦る気持ちもわかる。

「急いでやろう」

と老人は言い、午後からは老人、若い男、僕の三人で作業することになった。ピッチも上がった。僕もスピードを意識して作業をした。追加の発泡スチロールを取りに行ったり、なくなったセロハンテープを補充したりしつつ、作業は順調に進み、午後四時には、午前中の三時間で作った量の、倍以上の中敷きが完成した。途中老人が抜け、その後は入れ替わり立ち替わり工場の人が何人かやってきて、さくさくと中敷きを作った。ペースはずっとやっている若い男や僕の方が上だったが、やはり二人よりも三人、加えて黙々と手を動かす真剣な空気も手伝って、定刻である夕方六時には、かなりの量の中敷きが完成した。我ながらよく働いたなあと満足する。最後には戻ってきて一緒に作業をした老人が、ふうと息を漏らす。

「ご苦労さん、これでなんとか間に合いそうだ」

「お疲れさまでした」

と若い男は頭を下げ、それから僕に「それじゃあ、頑張ってな」と言い、思い出したように「あ、これ、渡すよ」と、着ていた**作業着**[*26]をぱっと脱いで僕に手渡し、さっと帰ってしまった。「どうも、お疲れさまでした」と挨拶する。それから、僕も帰ろうとする。が、老人は僕を呼び止めた。

「あんた、明日も来られないか」

「明日、ですか」

「○○商社との契約じゃあ、今日までってことらしいが、こっちとしては人手が足りない。お願いできんかね。○○さんからいくらもらっているのかしらんが、こっちは、時給一〇〇〇円で日払いするよ、どうだ」

「いいですよ、わかりました」

と、さして考えることもせず承諾する。派遣元である○○商社の提示した金額はたしか、時給一一〇〇円だったような気がするが、収入がないよりはあった方がいい。手渡しの給料も魅力的だった。

「じゃあ、よろしくお願いします」

と頭を下げて工場を後にする。受け取った作業着をどうしたものか悩んだが、夜風が涼しかったので、着て帰ることにした。

松戸駅について携帯電話を確認すると次の仕事の紹介メールがあった。が、断ることにする。なんとなく、一度手を付けた作業の、帰結を見届けたい気持ちがあった。

この時点で残金は五〇〇〇円と少し。昨日確認したようにぎりぎりの金額。が、明後日の振り込みを待つまでもなく、明日現金が手に入るとなれば、今夜は張り込んでもいいだろう。ファミレスで、ハンバーグステーキを注文、サラダバーがある店だったので、サラダも頼む。何度もサラダをおかわりする。満腹。

店を出て、寝酒としてワンカップ大関を購入、昨晩泊まったネットカフェへ。就寝前にシャワーを浴びる。さっぱりする。濡れた髪を汚いタオルで拭きながら、いいかげん、下着と靴下を洗濯したいなあと考える。もう一〇日も同じパンツと同じ靴下。シャワーを浴びたところで、身に着けているものが汚ければ意味がないと悟る。明日、お給料を渡されたら、パンツと靴下を買おう。松戸駅の側にイトーヨーカドーがあったはずだ。そこで買おう。ケチなことは言わず、思い切ってたくさん買おう。そう決意し、それから、寝酒をちびちび飲みつつ、タバコを吸う。お酒がうまい、タバコがうまい。久々にお肉も食べて、胃も幸せな悲鳴を奏でる。何も不満はない。

＊22――大学生

ニートとはNot in Education, Employment, or Trainingの頭文字を集めた言葉である。教育も受けず、定職に就かず、何らかの職業訓練も受けていない人間を指す言葉かと思われる。冒頭からニート、ニートと連呼していたが、僕自身は一応大学に通っていた経験がある。が、名乗るほどの大学でもなく、真っ当な大学生活を送ったかといえばもちろんノー、講義はさぼるし、課題は提出しないし、ひたすら街をふらふらしているばかりの、おそろしく不真面目な大学生であった。したがって、一般的な大学生像というものが、今一つピンと来ないのである。合コン、サークル活動、単位数、就職活動などなど、普通の大学生にとっては耳慣れたはずの言葉なのだろうが、どれも僕は身に覚えがない。お世辞にも教育を受けたとは言いがたく、やはり僕は歴《れっき》としたニートであった。

＊23―就職活動

作業着をくれた大学生の若者のことをふと思い出した。

内定をもらったと言っていた。就職先があるということだ。ふむ、立派である。僕はしたことがないからわからないが、彼のように日本の大学生は皆、大学在学中に就職活動なるものをするらしい。企業から内定をもらい、卒業後の勤め先を確約させるのである。はて、大学とは学問をするところではなかったか。学ぶべきときに学ばないというのは、おかしい話である。などと思いもするが、世の中には大学生に働き口を見つけさせることに執心し、あまつさえ在学中にそれを実践できない者を負け組呼ばわりするような大学もあるらしい。窓口で順番を呼ばれるまで四年間も並ばなければならない職業斡旋所が、大学の別名であるならば、非常にくだらない場所である。

しかしながら、この国の教育というものを考えると、それも仕方がないのかもしれぬ。中学生は高校受験のために勉強をし、高校生は大学受験のために勉強をすることが、何の疑問も持たれずにまかり通っている節があるからだ。「今、学ぶべきこと」がどこにもなく、「先のために」努力することが、勉強熱心と評価されたりする。その延長線上に大学があるとすれば、大学の先、社会人という身分のための努力をするのが当然となる風潮も理解できる。そこですべき勉強がしたくて大学に入ったという人は、なかなかいないのだろうか。

いやいや、ネットカフェ難民が偉そうになにをほざく。お前みたいなヤツの方が、よほど日本のお先を真っ暗にするんだとするご意見があれば、まったく正論。平謝りするより他にない。こんな酔狂を吐いてしまうのは、ワンカップ大関で酔っぱらったせいか、あるいは、じめじめしたパンツの奥、先ほどから股間にえもいわれぬ痒みを覚えて仕方がないせいか。

＊24—「食べても食べても減らない栗饅頭」の話

あやふやな記憶だが、確か『ドラえもん』で読んだ話だったように覚えている。ネットカフェ難民の生活も同様で、「過ごしても過ごしても進歩しない生活」である。

＊25—絶望に暮れる贅沢

努力をしていないので挫折もなく、高い目標もないので失望もない。絶望するにも格というものがあり、その格が僕には徹底的に欠如している。

＊26―作業着

濃紺の作業着。襟が丈夫で、背中から脇にかけて小さな折り返しがついており、何となくかっこうよく思えた。左肩にはペンを入れるための細長いポケットが二つ、胸ポケットも左右二つずつあり、腹の両脇にも深いポケットがある。厚手の生地だが通気性は割とよく、着ているだけでやる気に満ちてくる良い服である。

10日目 一週間以上同じパンツをはく方法

現場には僕一人。淡々と中敷きを作り続ける。材料の残量からするに、なんとか今日中に終わるだろうか。

誰もいない工場は、がらんと広いだけで、どこか寂しい。黒ずんだ鉄骨の梁に、くすんだ灰色の屋根が置かれており、見上げると、深い穴底に吸い込まれそうな感覚に陥る。どうやら工場のこの部分は、倉庫的な役割らしく、段ボール箱がどっさりと積まれている他は、何年も動いていないような雰囲気の、古そうな、重厚そうな機械が静かに転がっているだけだ。物言わぬモノたちに囲まれながら、臨時の作業スペースとなった空間で、ぽつんと僕は手と身体を動かし続ける。敷地内の他の工場は元気に動いているのかもしれないが、ここだけは、どこまでも静か。

一二時から一時までが昼休憩の時間となっていたが、僕は昼食をぱっと食べ終え、タバコを一本だけ吸うと、すぐさま作業に戻った。自分の作業ペースが遅いとは思わなかったが、残りの量を考えると、少しでも進めておきたかった。

朝はひんやりと涼しかった空間も、細かい格子に覆われた大きなガラス窓が日差しに染まるようになると、徐々に室温が上がっていく。追加の発泡スチロールを取りに行くとき以外は、あぐらを組んだ姿勢での作業である。少しずつ、太ももや脇の下に汗がたまっていく。今日はちゃんとシャワーを浴びよう。銭湯が近くにあれば、それもいいかもしれない。ネットカフェの狭くてぬめぬめしたシャワールームよりも、きっと雄大な銭湯は気持ちがいいだろう。風呂がいい、風呂が。生まれて初めてかもしれない、風呂を切に願ったのは。

黙々と作業をしている間は、案外何も考えられないものだ。いや、何かを考えていたのだろうが、なかなか過ぎ去ってくれない、しかし確実に流れていく時間に押されて、すべて消えてしまう。気がつくと夕方六時が迫っていた。材料は残り少なくなったが、しかし、六時までには終わらない量だった。

そうこうすると老人がやってきた。作業場に入ってくるなり、大きな声で

「ごくろうさん！」

と声を張り上げた。

「あと少しなんです」

作業の手を休めず、僕は返事をした。

「うん、終わらなかったか」

残念そうに老人。

「終わるまでやりますよ」

僕がそう言うと、老人は「いやいや、いやいや」と手振りで制した。

「今日はもういいよ。明日も来て欲しいんだが、お願いできるか」

「はい、大丈夫です」

「じゃあ、頼む。今日は終了、はい、ご苦労さん」

そう言いながら、老人は手に持っていた封筒を僕に差し出した。立ち上がり、ぺこりと頭を下げて恭しく封筒を頂戴する。

「それじゃあ、もう帰っていいよ」

「お疲れさまでした」

工場を出て、昨日、そして一昨日と同様、歩いて松戸駅まで。今日も作業着を着たまま帰る。道すがら、封筒の中身を確認する。一〇〇〇円札が九枚あった。財布に入れる。

駅前のイトーヨーカドーへ。パンツはどこだ、パンツ、パンツとうろうろしていたらすぐに発見できた。三枚入りで九八〇円の白いブリーフがあり、安くていいなあと思ったが、それぞれ模様の違う四九〇円のトランクスを三枚買うことにする。こっちの方が、[*27]**パンツローテーション**に間違いが起きないと思ったからだ。同じパンツに足を通す愚はなるべくなら犯したくない。昨日まで**一週間以上同じパンツ**[*28]をはいていたくせに、お金が入ると途端に常識を口にしてみたりする。人間はこうして贅沢になっていく。靴下も一足買う。

それから、吉野家で牛丼を食べ、ブックオフで立ち読みをして、コンビニで缶ビールを買って、三日目となるネットカフェへと帰宅。レジで受け付けをする。三日間、代わり映えのしない店員の顔。またお前か、という表情。こちらもまたか、と思う。三日連続勤務、ご苦労様である。

シャワーを浴びる。銭湯を探す努力を忘れた。この辺にあるのだろうか。車があれば、郊外の幹線道路沿いにあるハワイアンセンター的な場所にも行けるが、徒歩では厳しいだろう。都内なら、駅から近いところでいくらか心当たりの銭湯がある。松戸滞在が済むまでは、シャワーで我慢するか。

すっかりさっぱり。ぬるくなったビールを飲む。うまい。今日も、明日もよろしくと頼まれた。明日も頼まれるのだろうか。繰り返す明日は、怠惰な胸の内へ甘美に溶ける。鞄工場に感謝しつつ、がんばろう、がんばろうと念じて、タバコを吸い、手塚治虫の『人間ども集まれ！』の上巻だけを読んでから、寝る。

＊27―パンツローテーション

コンビニでもらったビニール袋を三つ用意し、それぞれにパンツを一つずつ入れておく。それぞれをA、B、Cと命名し、今日と明日はAのパンツ、明後日からはBのパンツ、来週頭にはCパンツにしようかな、などとやるのである。一度はいたパンツもしばらく放っておくと、なんだか綺麗になったような錯覚が生まれ、それは紛れもなく錯覚なのだが、意外と気にならずにはけてしまうものなのである。はかれていないパンツたちは、袋に閉じこめられたまま、鞄の奥底でじっとローテーションの順番が巡ってくるのを待っているのだが、汚れたパンツが通気性の悪い環境で漫然と転がっている状態は、冷静に考えれば不衛生きわまりない。

＊28―一週間以上同じパンツ

経験したことがない人にはわからないだろうから詳述すると、一週間以上同じパンツをはくと、いろいろと不思議な現象が起こる。まず、パンツが重たくなる。股間周りがどうにも重苦しくなるのだが、慣れてしまうとそれが安定感に変わる。大きめのトランクスだったはずなのに、やけに肌にフィットするようになり、糊のきいていた布地も柔らかくなる。すっかり体温を覚えてしまったパンツはいつでも優しいぬくもりを醸し出す。おなかが冷えることもなくなり、非常に快適なパンツになるのだが、用を足す際などに悪臭を感じてしまうと、はきかえようかしら、などと思いたくなってしまう。慣れてしまうと悪臭も悪臭ではなくなり、もっと慣れてしまうと悪臭すら心地よくなってしまうが、そうなる前に一度理性のブレーキを働かせたいところではある。

11日目 漫画家を目指すフリーターと目標がないネットカフェ難民

朝一番、老人が言った。

「午後から助っ人が来るから。よろしく頼む。あと、中敷きが全部終わったら、事務所に来てくれ」

了解する。中敷きはあと一時間もあれば終わるだろう。昨晩、作業着に寝押しを試みてみたのだが、フラットではない姿勢からくる重圧は、あまり良い結果を生まなかったようである。襟の周囲に変な皺がついていて、頭を下げると、うなじに襟が引っ掛かり、すっきりしない。見た目も、かえってくたびれた感じが強くなった気がする。もっとも、気がするだけである。鏡など、しばらく見ていない。ネットカフェ難民を続けるうちは、おそらく僕は避け続けるだろう、鏡を。

予測通り、一〇時前には中敷き作成が完了した。事務所と呼ばれた場所を探す。予想外に工場全体の敷地が大きいことを知る。ここかしらんと思った建物に入る。おばさんたちが巨大なミシンと格闘していた。ガッシャンガッシャンとすさまじい音を上げながら、分厚い、エナメルのような光沢を持つ布地をギシギシと縫っていた。入り口脇に完成品がたくさん積んであった。見てみると、幼稚園児が肩からぶら下げるような小さな鞄だった。なるほど僕が作っているのと違い、いかにも鞄らしい鞄である。さすが鞄工場だ。青い鞄とピンクの鞄。青い方にはなんとか戦隊のキャラクターが、ピンクの方には、小さな女の子が見るようなアニメのキャラクターが、それぞれ印刷されていた。原宿や代官山ではまず入手できなさそうなバッグである。ああ、こういう商品はこういう場所で作っているのかと合点がいく。

いずれにせよ事務所ではなさそうなので、ミシンのお化けから席を立ったおばさんを捕まえて、場所を教えてもらう。敷地の一番奥にあるとのこと。

きょろきょろと工場内を観察しつつ、事務所を目指す。それにしても「モノを作っている世界」というのは、おもしろいものだと思った。巨大な布の巻き物をフォークリフトで運ぶ人や、鞄を梱包して段ボール箱に詰めている人などなど、誰も彼もがてきぱきと動き、立ち並ぶ建物からはひっきりなしに機械の音が響き渡る（どうやら静かなのは僕のいる作業場所だけのようだった）。活気がある。何かが生まれていることの意義の深さが、そこかしこに満ちている。工場の空気を胸一杯に吸い込む。腹の底が熱くなるような、たるんだ背中に鞭が飛ぶような、優しい痛みが肺を満たす。いい。ここ数年味わったことのない空気だ。

やがて事務所に到着。こぢんまりしたプレハブ小屋のような建物は、なぜか正面も、脇の入り口がある面も、全面ガラス張り、外から丸見えのしつらえである。男性が一人、机に向かっていた。冬は寒そうだし、夏は暑そうだなあ、さぼったりするのも難しそうだなあなどと思いながら、ノックして、お邪魔する。老人の姿はなく、そういえば名前も教えてもらっていなかったので、事務仕事をしていた恰幅のよい男性に向けて、

「失礼します、中敷き作成の作業が終わりましたので、報告に参りましたッ」

と、無意味に元気よくやってみる。顔を上げ、何ごとかと僕を見る男性。二秒ほど僕を見つめた後、ああ、と納得、受話器を取り、ボタンを押し、「カワさん、いる？　宅配便のヤツ、できたってさ」と言う。一分と待たずに老人が事務所にやってきた。

「おう、お疲れさま、じゃあ、本番に行こう、やろう、よし、行こう、行こう」

鼻息荒い老人とともに早足で作業場に戻る。奥にある段ボール箱を引っ張り出すと、銀色の袋がたくさんでてきた。中敷きを入れる本体である。

「いいか、こうするんだ。手伝いに来る人には、あんたが、説明してくれよ」

と老人は言い、初日に見せてくれた作業手順をもう一度やってくれた。銀色の袋に手を入れて、ぱかっと広げる。へろへろの大きな箱になる。そして、中敷きを箱の左右二面にずいっと入れる。入れられる場所だけが袋状の構造をしており、すっぽり収まるようになっている。中敷きが収まれば、箱はしっかりする。中敷きを入れた部分に、あらかじめぴったりの長さにカ

ットされた黒いテープで封をする。出来上がり。正真正銘の完成品となる。

「テープでふさぐところを、一番慎重に、丁寧に、頼むな。ここ、大事だから」

と老人。確かに外から見える部分でもあり、曲がっていたりすると非常にみっともないことは素人ながらに想像がつく。中敷きを作る作業よりも、だいぶ神経を使いそうだ。早速やってみる。丁寧に、丁寧に。すると、割合綺麗にできた。「どうでしょう」と老人のチェックをもらう。「ああ、そんなもんでいいよ」と老人、深くうなずく。

「じゃあ、よろしく頼む。昼過ぎから来る人にも、今の手順しっかり教えてやってな。あんた、今からこの現場の主任だから」

　そう告げると老人は忙しそうに去っていく。

　すさまじい。**正社員**[*29]でもない単なるバイトが四日目にして主任に昇進だ。よほど人手が足りないのか、よほどこの業務が重要ではないものなのか、鞄工場側の考えはわからないが、しかし、任されたからにはしっかりやろう。

　焦って粗悪品を作るよりも、一つ一つ丹念にやるべきだと思ったので、慎重にゆっくりと仕上げていった。が、一一時を過ぎても、まだ一〇個しかできていない。出来はいいものの、さすがに遅すぎる。改善策を練る。一人ライン量産体制を発案する。一個一個作るのではなく、まず、五個の袋を箱状に広げ、作業場に並べる。それから一〇枚の中敷きを用意し、五個の袋、計一〇個のポケット部分へ順々に詰めていく。それが出来たら、黒テープを一気に一〇カ所張る。すると一気に五個の完成品ができる。広げて、入れて、張っての動作を五回繰り返すよりも、広げて広げて……入れて入れて……張って張って……の方が、作業速度も速いし、同一の作業の連続が、かえって正確さを増す事実を発見する。我ながら良案だとうなずく。能率は飛躍的にアップし、ぽんぽんと完成品の山が出来始める。

一二時。昼食を摂り、なんだか物足りなかったので、近くのコンビニまで走る。週刊少年チャンピオンを立ち読みし、菓子パンと缶コーヒーを二本買って一息に飲み干し、コンビニの軒先でタバコを立て続けに三本吸い、工場に戻る。

一時。作業場に戻ると、私服姿の女性。肩まで伸びた黒い髪が、落ち着いた印象を醸し出している。僕の姿を発見すると、女性は、

「あ、よろしくお願いします。バイトの竹崎です。工場の方から作業内容は主任から聞くように言われました」

と言い、さっとお辞儀。礼儀正しい人だ。それから、彼女の言う主任が自分のことだと思い出し、あわてて、

「あ、主任です、よろしくお願いします」

と僕も頭を下げた。少し、緊張した。主任です、はないだろう。何の釈明にも解説にもなっ

ていない。女性を前にすると自然体が崩れるのは僕の悪い癖だ。

しかしまあ、初対面の男女が頭を下げあってぺこぺこやったところで作業が進行するわけはない。僕はすぐさま気合いを入れ直し、仕事の中身を説明し、午前中に編み出した一人ライン作業方法を教え、それから、最初は丁寧に、慣れてきたらピッチをあげるように注意して、じゃあ始めようと号令をかけた。女性はハイ、ハイとまじめに返事をしてくれた。偉くなったわけではないが、こんな自分でも人に指導できるタイミングがあるのだと知り、わずかながら興奮する。

そして、作業開始。女性は髪をぱっとゴムで束ね、どこから出したのか、軍手を着用、言われた通りの手順で作業を進めた。女性は丁寧だったが、黒テープで封をする段階に、時間をかけすぎた。一時間後には僕と彼女とで、仕上げの量にかなりの差が出てしまった。口に出さないものの、彼女もそれを気にしてはいるようだった。なるほど、幅五センチメートルはある太いテープを、張るべき場所にまっすぐに張るというのは、それほど簡単な技ではないのかもしれない。僕のように三日間毎日テープに触り続けていればテープへの対処もそれなりにうまくはなる。しかし、彼女の上達を三日も指をくわえて待つわけには行かない。どうしたものかと考えた末、二人がそれぞれ同じ作業をするのではなく、二人の役割を区別してしまえばいいのだと気付く。彼女には袋を広げてもらうことと、中敷きを袋に入れることをやってもらうことにして、テープ張りを僕が受け持つようにしようと提案した。分業制である。彼女も異論はないようで、早速そのやり方で作業を再開する。

うまいことできていて、袋に中敷きを詰める手際に関しては、彼女の方が上手だった。インチキ主任よりも、軍手持参で工場に乗り込んでくる人間の方がずっと優秀であると知る。ひょっとすると彼女はさすらいの軽作業エキスパート、各地の工場を渡り歩いては、その窮状を助ける日雇い月光仮面かも、などとバカなことを考え、それから、少しだけ素性が気になり、先輩風を吹かしてみたいような誘惑にもかられ、手を動かしながら、口も開いてみた。

「竹崎さんは」

「ハイ」

「学生さんですか？」

「いいえ、違います」

「すると、フリーター？」

「まあ、そんなところです」

と、竹崎さん、それだけ言うと、軍手で額をさっと拭い、後は何も口にしなかった。話の接ぎ穂がなくなったのを悟り、僕も黙る。ニート時代を含め、しばらく同年代の女性と会話をしなかったせいか、どうにも下手を打つ。上手いことを言ってみたい気もするが、どうにもならぬ。僕は女性が苦手なのだろう。竹崎さんは同年代なのだろうが、厳密に僕よりも年上か年下かは判別つき難かった。そういうところも含めて気になったのだが、言葉を失《な》くしつつある人間からは、気になる権利すらも去っていく。

淡々と、順調に作業が進む。ここ四日間で一番頼りになる同僚だった。竹崎さんは作業ペースを徐々に上げ、比例して丁寧さ、確実さも増し、おまけにただ早いだけではなく、僕の作業ペースとのかねあいも無言で察し、上手に自分のペースをコントロールしていた。有能な人間だ。作業が進むにつれ表情の堅さが色濃くなるように、僕には見えたが（見てないで手を動かすべきである）、そこはかとなく漂う、その冷たい雰囲気も、僕は嫌いではなかった。

日が暮れだして、工場にしみ込む日差しに、仄かな朱が混じり始めたころ、竹崎さんが不意に口を開いた。

「主任、質問なんですけど」

「なんでしょう」

「この袋って、何に使うものなんですか？」

なんだろう？　そんなこと考えもしなかった。巨大な保冷用バッグだなあと思ったのは初見の感想に過ぎず、確証はない。何度か耳にした言葉から察するに宅配便に関係するものだということはわかっていたが、やっぱりそうなのだろうか。冷凍食品などを宅配するときに使うバッグなのだろうというのが現時点での推測だが、正解であるかどうかは知らない。

「なんだろう、僕もわからない」

知らないものを知っているかのように言うのは、ネットカフェ難民としても、インチキ主任としても、遠慮したいところである。素直に白旗を揚げた。すると、彼女は、

「えッ」

と声を上げた。

「主任も知らないんですか？」

あからさまに呆れたような旋律だったので、少し傷つく。が、もちろん虚勢を張ったり、弁解したりする気力はないので、

「いや、僕もバイトなんです。たまたまこの現場が長いので、主任ってことになっていますけど、実はよく知らないんです、自分が何をやっているのか」

と白状する。長いと言っても三日間程長いだけだ。

「なあんだ」

と彼女は言い、語尾にくすりと笑い声が重なる。有能な人間が、女になった。途端、僕の顔が赤くなる。

「よっぽど、ここって人手不足なんですね」

と女。

「そうなんでしょうね、何人か他にもバイトの人がいたけど、みんなすぐにやめちゃうらしいですから。僕だけだったんです、残ったのは」

とエセ主任。たかだか四日連続勤務しているだけで、偉そうに語ってしまう。

「退屈な作業だから、しょうがないですよ。今の若い子って、すぐ飽きちゃうから」

と竹崎さん。

「まあ、そうですね」

と僕。その発言から察するに、竹崎さんは「自分を若いと言い切るにはややためらわれる年齢である」との憶測を得る。女性にとってのその年齢とは、具体的な数値に換算すると、どれくらいなのか。僕は今**二五歳**[*30]だが、それと比べてどうなのか。上か、下か。下ということはないか。さすがに二三、四の女性が自分を年よりと認定したりはしないだろう。

いや、待てよ。会話の流れから考えると、僕も「今の若い子」の範疇にはないことになるのでは？　女性の目には、自分はもう若いとは映らないのか。僕は少しだけショックを受け、すぐに、まあ、若くあろうとする努力をしてないから、仕方ない、と自分を納得させる。

そんな僕の葛藤を察したのか、あるいは自分の発言から年齢に関する話題が生まれることを恐れたのか、理由はわからないが再び竹崎さんは黙り、僕もそれ以降、何も言わなかった。実際問題、口をのんびり動かしているヒマはなかったのである。作業内容は過去三日間と比べればはるかに難しいレベルにあった。仕上げとあって丁寧にやらねばならないことはもとより、作業が完成に向かっているという意識が僕の神経を集中させた。

作業終了時刻になる。老人がやってきて、進行具合を確認する。

「うん、いいな、これなら明日には完成するかな？」

そう言うと老人は僕を見た。意見を求められていると気付く。

「そうですね、今の状況なら、明日の夜までには終わると思います」

ちらと竹崎さんの方を見ながら僕は言った。僕の視線に気付いたようで、老人はうんうんとうなずいた。

「明日も、二人だけでやってもらうけど、大丈夫か」

「大丈夫だと、思います」

僕は安心した。過去の同僚たちのように、竹崎さんも今日で終わりかと思ったのである。明日もいてくれるなら心強い。お互い手際が良くなってきたところでもあり、また別のメンバーに入れ替わるというのでは、正直、ロスが大きい。

「じゃあ、よろしく」

老人はそう言って、給料袋を竹崎さんと僕とに手渡した。

　工場からの帰り道、僕と竹崎さんは一緒に松戸駅まで歩いた。寡黙な女性かと思っていたが、どうしてなかなか竹崎さんは饒舌だった。仕事とそうでない時間とのメリハリの付け方を知っている人である。

「主任は、普段何をしているんですか？　大学生？」

「いや、違いますよ」

「フリーター？」

「まあ、そうです」

「あ、わかった、ニートを止めて日が浅いフリーターって感じ？　最近になって親がうるさいからバイトでもいいから働き出した、とか？」

「だいたいそんな感じ」

「やっぱり。わかるんですよ、そんな雰囲気出てますよ。まあ、私もそうだからっていうのもあるんですけどね。やっぱりずっと家にいると、うるさいですよね、両親とか、兄弟とか、親戚とか、うちはおじいちゃんとおばあちゃんもいるし。ちくちく言ってきますよね、ぶらぶら遊んでないで働けェーとか、そろそろいい歳なんだから結婚しろォーとか」

　よくしゃべってくれるので僕は助かっていた。「女性と並んで歩く」経験を思い出そうとしたら小学生の頃ぐらいまでさかのぼらねばならない身としては、こうした状況下での「女性との会話」はハードミッションもいいところ。工場を出る際、竹崎さんから一緒に帰りましょうと言われたときには死刑宣告もかくやという絶望を感じたが、これならなんのことはない、楽勝だ。

「あ、主任の家ってこの辺なんですか？」

「実家はすぐ近く。江戸川の向こう」

「近いじゃないですか。私、我孫子」

あんただって十分近いじゃないかと思いつつ、先ほどの家族構成から察して、我孫子辺りの田んぼにどすんとそびえる大きなお屋敷を勝手に想像する。実家は兼業農家、田畑を切り売りしたおかげで資産は潤沢、駐車場とアパートの賃貸収入だけでも一家は十二分に食っていけるが、働き者の祖父母両親のおかげで蓄えはどんどん増えていく。そんな家に生まれた身としては、経済的な心配もない以上、のんびりと結婚相手が用意されるぎりぎりまでぬくぬくと生きてやろうと思っていたが、親たちの世間体か、はたまた下の兄弟たちへ悪い見本となるのを危惧したか、バイトでもいいからなんでもやれ、と家を追い出された……そんなところではないか。

「私、家で漫画を描いているんです」

漫画。そう来たか。僕は想像にもう少し修整の余地があると気付く。

「でもなかなか芽が出なくって。これでも一応雑誌とかに載ったことあるんですよ、知ってます、△△△とか？　一回だけですけど」

「△△△」ですと？　知るも知らないも、中学生時代のバイブルである。休刊してしまうまで熱心な読者だった。内容は一口に言ってエロ本だが、難しく言うと、美少女コミック誌であり、要するに思春期特有の、主としてベクトルを内側に向けるタイプの迸《ほとばし》る性欲を持て余す若者に需要があると思われる雑誌である。普通に考えれば世の人間の半分、男性と呼ばれる人間しか読まない雑誌であり、僕はどちらかと言えば歴然と男性であり、竹崎さんはそれを踏まえた上で「△△△」の固有名詞を出し、かつ質問をしてきたのであるとすると、ここは断然ノーと言わねばならない。

「聞いたことはあるような気がするけど、読んだことはない、です」

断然ノーのはずなのに、曖昧な言い回し。「そんな雑誌聞いたこともない」という態度では、竹崎さんを傷つけかねないからだ。付け加えると、なぜ知らないふりをするのかと言えば、エロ本を読むような男と思われたくないからではない。そんなところで純情潔癖ぶりを装うほど間抜けではない。理由は簡単で、話があらぬ方向へと進む可能性の芽を摘んでおくためだ。仕上げにもう一句。

「でも、すごいですね、雑誌に載るなんて」

これでよし。家で漫画を描いている→単なる趣味レベルよりは上らしい→仕事をしたという履歴に対する簡単な賛辞。うん、この流れで完璧な**薄いコミュニケーション**[*31]が成立する。深みに嵌まることもない。安心である。

「でも、全然ダメなんです。そこから先が、全然」

「プロってことですか？」

「そう、メジャーデビュー。結構頑張ってみたつもりなんだけど、もうこんな歳になっちゃった。描いてはバイトの繰り返しなんだけど、ね」

ね、の後に、声にならない、音にならない、呼吸ではない何かが竹崎さんの口から漏れ出し、左隣を歩く僕の耳に、皮膚に、身体に、染み込んだ。

どう反応していいものか、悩む。が、その悩みは切実ではない。停まった空気が二秒、三秒と時間を重ねていくのが煩わしいだけで、我慢すれば我慢できる。無視してしまえば、それで済む、軽い苦痛にすぎない。

だが、今日の僕は少しだけ優しかった。具体的に言うと、鞄工場の老人から手渡された給料袋分の優しさ（金額にすると九〇〇〇円）があった。

「まあ、**目標**[*32]があるなら、バイト生活も悪くないですよ」

と僕。精いっぱいの無責任。現時点で捻出可能な最大限の優しさを絞り出してみたつもりだが、竹崎さんは何も言わない。華麗な無視。助かった、と安堵する僕。

そして松戸駅に到着した。

「常磐線ですか？　あ、千代田線？」

竹崎さんが聞いてきた。こちらの返答次第で別れるか否かが決まるからだろう。

「いや、僕は、漫画喫茶に泊まります」

「あ、ネットカフェ難民ですね」

竹崎さんは嬉しそうに笑った。何か言い訳をしようかとも思ったが、やめた。竹崎さんとは改札で別れた。僕は松戸の街に降り立った。

あって一日しかたっていない人間にずばり背景を見抜かれる程、僕は浅い人間ということか。あるいは、僕の全身に、流浪の雰囲気、難民臭とでも言うべき風格が漂っていたのだろうか。理由はわからないが、しかしまあ、釈然としないというか、なんだかすっきりしない。隠さなければならないような身分でもないが、ああして面と向かって言われると、立つ瀬がないというか、情けないというか、なんだか本当に人間失格の烙印を押されてしまったような気にもなり、悔しさこそないものの、軽い憤り、いや、簡単な疲労感と倦怠感とが、仲良く両肩に正座してしまったかのような感覚に襲われる。

家で漫画描いてシコシコやってるような女に言われたかねえや、と悪態をついてみようとするが、それすらも不毛というか、自分の負けを自分で肯定するような気にもなり、なんだかイヤだ。

どうにもすっきりしないので、どうにかすっきりしたくなり、駅近くのパチンコ屋へ飛び込む。羽根物で一〇〇〇円使い、二〇〇〇円勝つ。勝ったお金で安いイタリアンのお店へ。ペペロンチーノを大盛りで頼んで、二〇〇〇円の赤ワインを飲む。少し溜飲が下がる。

それからネットカフェへ。四日目はさすがに場所を変えた。

＊29—正社員

なった経験のない身としては、今一つピンと来ない肩書きである。バイトとどう違うのか。年金だの税金だの保険だのボーナスだの将来における貯蓄の差だの、ありとあらゆる側面で差があるであろうことは容易に想像がつくが、具体的にどんな差かは知らないし、わからないし、気にもならない。慢性的に現在を消費するしかない立場であるネットカフェ難民は、あまり他人のことなど気にしてないものである。自他を比較してそこに高低を見つけようとするタイプの人は、おそらくネットカフェ難民に向いていない。羨望も侮蔑も、まるで無意味な日々なのだから。

＊30―二五歳

現時点における僕の年齢。ネットカフェ難民の平均年齢を僕は知らないが、おそらく僕と近い、あるいは僕よりも少し下の人間が多数派なのではないかと思う。専門学校なり大学なり高校なりを卒業していきなりこの道に飛び込むという例はおそらく少ないはずで、多分、種類と程度はいろいろあるだろうが、一応は何らかの社会経験を経た上で、主として経済的な理由により定住生活が困難になり、やむにやまれぬ事情も重なって難民化するのだろう。盤石の生活基盤が作れていればたとえ失職の憂き目を見ても、そうあっけなく難民化するものではない。だが、社会人二、三年目の比較的若い人種は、生活基盤育成途上にあったはず。だとすれば、若い彼らがネットカフェ難民化したのもうなずける話ではあり、それゆえに彼らの年齢は二〇代前半に多く偏差するのではないか……などと思うが、僕自身を見てもわかるように、ネットカフェ難民になった理由は経済的背景が原因ではない。厚生労働省の発表によれば「寝泊まりのためにネットカフェを利用する住居喪失者」の数は全国で約五四〇〇人だとか。この数字をネットカフェ難民の総数とするのは誤りだ。ネットカフェ難民は、日雇い労働のために生きているわけではない。少なくとも僕は、ネットカフェ難民をやりながら「思考」している。就労問題や社会経済の理論を振りかざしてネットカフェ難民を語るのはいかにも実態に適うように見えるし、また事実意味のある切り口なのだろうが、それですべてを見通せると思ったら間違いである。人間はお金の計算だけをする動物ではない。ネットカフェ難民を考えるキーワードは、むしろもっと形而上的な部分にあるような予感がする。簡単に言えば、合理主義の終焉、あるいは新しい合理哲学の実践の兆候、気配、漠とした予感が、ネットカフェ難民の勃興と展開とに顕在化しつつあるのではないか。ニュートン・デカルト的な系譜にある科学の末期、デジタルでは解決しえない新しい数学的思考、例えば5に5を足しても10にならないような、9・8になってしまうようなスタイルの計算（ユビキタスとはこういう状況を、方程式と為すためにあるのではないか、などと夢想する）が必要となる世界……そんなものを映す鏡がネットカフェ難民であるとしたら、どうか。いやいや、誇大妄想はわかったから少しは具体的な話をしてみろよ、と言われるとお手上げなのだが。

＊31—薄いコミュニケーション

ネットカフェ難民もそうだが、最近の「若者」を語る上で顕著なのは、ディスコミュニケーションのスタイルを強調する論調だ。否定しない。多いに正鵠を射ていると思う。ネットカフェで寝起きして、狭い店内ですれ違う他人に挨拶をしようとは決して思わない。ましてや言葉を交わそうなどと考えることは皆無。ネットカフェ常連となり、顔見知りの店員ができたとしても、それは顔を見知っているだけのことで、世間話に興じたりすることは、まずない。日雇いバイトの派遣先で出会ういくばくかの人間たちとも、積極的に会話しようとはしない。話をしたくないからではない。他人と関わることを恐れているためでも、自分の境遇が相手に知れ、そこでなんらかのアクションを示されるのがイヤだからでも、ない。もっとシンプルな理由。自分の中に他人というアーカイブを形成するのが、億劫なだけなのである。あるいは、そこから生じる義務や責任を逃れたいと考えるからかもしれない。したがって、こうした人種は、できる限りコミュニケーションにレンジの広さと発展性を与えないように細心する。薄いコミュニケーションとは、コミュニケーションから熱心さを奪えば成立するという単純なものではなく、わりと苦労して、微妙なコントロールを重ねないと、難しいものなのである。相手が、なんだか出来の悪い見た目だけが未来チックな、ペット型ロボット的な物体と接しているような感覚を得てくれれば、薄いコミュニケーションはほぼ成功。リアクション数の少なさ、今以上のつながりを予感させない反応の質を保持できるようになれば、立派な「フラットコミュニケーションアクター」である。割合便利なスキルなので、優秀なネットカフェ難民になりたければぜひとも習得したいところ。ちなみに、ヒキコモリはこの類いではない。あれは、完全にコミュニケーションを排除しようとする意欲が必要である。が、当人がコミュニケーションを捨てたつもりでも、実は失われたコミュニケーションという状況が露呈され、それは結局のところ周囲の人間にしてみれば「壊れたコミュニケーション」という、しっかりと実態のある、おまけに妙に濃い味のコミュニケーションになってしまう。まとめればヒキコモリのそれは目立つゆえに有害と思われる節もあり、叩かれやすい。ネットカフェ難民のそれは、薄さゆえに見落とされがちで、意識されることも少ないので、淡々と自分の殻を築くことができる、といったところか。

＊32―目標

臥薪嘗胆。今は雌伏の時。伸びんと欲するものはまず屈せよ。まあ、いろいろとお題目はつけられるが、将来に対して大きな目標があり、そのために地道な努力を重ねる……そんなスタイルはさして珍しくもなく、間違ってもいない。が、問題なのは、その姿勢が、将来に対する課題の先送りと同義になっていないか、という点。あるいは現状にそびえる困難から逃れるための免罪符として機能していないか、という点。ミュージシャンになることを夢見て、高校を中退し、バイトに明け暮れて買ったリッケンバッカーのギターを誇らしげに見せ、小さなライブハウスで年に二、三回演奏などしつつ、されど腕前はちっとも上がらず、箱も広がらず、聴衆も増えず、一向にうだつの上がらない人間を、一人知っているが、夢だなんだと言う前にお前には考えるべきことがたくさんあったんじゃないか、と他人事ながら偉そうに思ってしまう。大学卒業後、地元の塾講師のバイトをやりながら、ひたすらに小説を書き散らし、いつか芥川賞、を合い言葉に日々を過ごしている人間も、知り合いにいる。年数を経るごとに、彼らの目標のための日々も、いつしかルーチンワークへと転じ、確固たる「到達しない目標を抱くバイト三昧の日々」が完成する。お先真っ暗じゃないか、と自分のことを棚に上げて意地悪にそう思うのだが、よくよく考えれば、それは嫉妬なのかもしれない。僕は何もしていない。ニート時代を含め、何か具体的な目標を持って行動したことがない。僕に比べれば、彼らの方が何倍も充実した人生と言えるかもしれず、だとすると、可能性を信じている人間の方が（たびたびそこに疑いが生じたとしても）、可能性を笑う人間よりも、幸福である。漫画でも、描いてみようかしら。

12日目　感動とは何か

　昨日と同じ作業。淡々と手を動かし、僕と竹崎さんは会話を交わすこともなく、ひたすら量産体制の維持につとめる。午前中に老人がやってきて、新しい材料を持ってきた。薄い、黄色いテープ。完成品をたたんで、そのテープで固定せよとのこと。

　ふわふわした銀色の袋は、簡単に折り畳める。中敷きが入った部分は折り曲げられないが、他の部分はすこぶる柔らかく、折り目にそってたたみ、両端を黄色いテープでとめると、大きめの銀色の座布団となる。これで納品が可能な形状となる。つくづくテープに縁がある作業、というかテープしか使わない作業だ。

　竹崎さんの手際は昨日にまして良くなり、こちらも五日目ということもあって、もはやプロフェッショナルの領域である。昼過ぎには自分でも信じられないくらいの量が完成し、夕方五時前にはすべての作業が完成した。

　作業場は材料が入った段ボール箱をあける度にその面積を増やし、増えたスペースにはどんどん完成品が積み上げられていく。総計三二〇個の銀色の座布団は、なかなか壮観だった。作業に携わった感慨も手伝って、感無量というか、柄にもなく達成感とやらに身震いしてしまう。

老人が走ってやってきて、完成を確認すると、がしっと僕の手を握った。

「ご苦労さん、ありがとう！」

老人の手は、しわくちゃでごつごつしており、薄い皮膚越しに尖った骨の節々が感じられ、とても堅い手だった。だが、柔らかかった。

それから、工場の至るところから男たちがやってきて、ああ、この工場にはこんなに人がいたのかと驚くひまもなく、次々とバケツリレー形式で完成した座布団を作業場から運び出した。僕もその列に加わる。竹崎さんは余ったテープや段ボール箱などの片付けをした。巨大なトラックがバックで工場の敷地に入ってきて、角刈りで大柄な男が運転席から飛び降りると、トラックの荷台部分、金属の壁がガバーッと開き、からっぽの荷台が現れるや否や、僕たちはわらわらとそこへバケツリレーの列をのばす。角刈りが荷台に飛び上がり、ぽんぽんとたくましい両腕を振り回しながら、綺麗に隙間なく、完成品を積み上げていく。

工場をぐるりと囲む雑木林の隙間から、西日が差し込み、トラックに朱色の斑点を描く。横一列に並んで完成品を右から左へと運ぶ僕の顔にも陽光が落ちる。まぶしい。一緒に列をなす男たちの顔も光っている。列の一番工場に近い側に老人がいた。老人の顔は真っ赤に染まり、口元には笑みがあった。

あっという間に、積み込み作業が終わる。トラックの荷台は完成品でぴったり埋め尽くされた。はかったような満杯具合である。ガガガーと轟音をあげてトラックの横側の壁がおろされる。最後に後ろのドアを角刈りが勢いよく閉ざし、それから運転席に飛び込む。トラックはその巨体を器用にくねらせながら、工場の狭い門を出ていく。出発を見送ると、男たちはまた駆け足で自分たちの現場へと戻っていった。

「はい、ご苦労さんでした」

老人が僕と竹崎さんを呼び止め、給料袋を手渡した。

「今日で最後だから。どうもね、ありがとうね」

と老人。なんだか寂しくなる。

「ありがとうございます。短い間でしたがお世話になりました」

と僕。

「どうもありがとうございました」

と竹崎さん。

そして終わり。老人は去り、僕と竹崎さんも工場を後にした。昨日に引き続いて二人で松戸駅まで。道すがら、竹崎さんから矢継ぎ早に質問を受ける。ネットカフェ難民ってつらくないですか、松戸っていい漫画喫茶ありますか、毎日仕事してるんですか、経済的にどうですか、苦しいとか思うことってありますか、この生活長いんですか、実家には帰ろうとは思わないんですか、親との関係ってどうですか、ヒマなときに漫画とか描いたりしないんですか、などなど。僕は「まあ、そうですね」「いや、どうかなあ」といった具合に適当な返事をする。どうしてか、まともに会話をする気分ではなかった。

やがて松戸駅。昨日同様改札で竹崎さんと別れる。別れしな、竹崎さんが、

「がんばってくださいね」

と言ってくれた。僕は「そっちも、がんばってください」とだけ言った。

さて、何をどうがんばったものか。

思案に暮れてみるふりをしたが、やはり何も思わない。

僕は携帯をチェックし、次の仕事の案内がないか確認した。すると、デモンストレーターのバイトがあるとのこと。やります、と返事をすると、しばらくして面接日時を知らせるメールが来た。明後日の午後一時に神田。了解。それから、僕はタバコを吸おうとして、胸ポケットをたたき、重要なことに気がついた。

あ、**鞄[*33]工場の作業着、着たまま帰ってきちゃった。**

＊33―鞄工場の作業着、着たまま帰ってきちゃった

これ以降、今日に至るまで僕はこの服を着続けている。ＴＰＯも何もない、完全無欠の戦闘服。いついかなるときでもこれで身を包めば、怖いものなし。洒落ているようにすら、感じる。先日たまさか銀座を歩いてみたが、道行く人は皆、服に着られているばかりで、僕のように服を着ている人間は、一人としていなかった。ファッションは、いくらお金をかけたところでダメなのだと知る。要は、服をどれだけ愛し、また服に愛されるか、である。

13日目 ネットカフェ難民と性欲

四日目と同じネットカフェで目覚める。今日は仕事の予定がない。することがない日というのは、ネットカフェ難民の技量と器量の双方が問われる重要なタイミングである。無為に過ごすのは既定路線としても、無為のデザインが勝負どころ。無駄とか徒労とか無意味とかいった概念には、実は千差万別あり、ダメな無駄、上手い徒労、意味のある無意味などなど、なかなか一筋縄ではいかない。

したがって今日という一日を少しでも建設的で意義のある無為の一日とするべく、僕は寝起きの頭をフル回転させた。いくつか整理しなければならない案件があるように思われた。

まず、お金。この切実な問題は、だいぶ解決の兆しを見せている。三日間鞄工場から日払いで給料をもらえたおかげで、ずいぶん財布は厚くなった。九〇〇〇円×三日で二万七〇〇〇円。松戸のネットカフェがそれなりに安かったおかげもあり、ここの支払いを済ませてもぎりぎり二万円以上残っている。加えてまだ確認していないが、二日間分の給料が、派遣元の会社から僕の銀行口座に振り込まれているはずである。すると全財産は四万円近くあるということになり、まず二週間は不自由なく暮らせる金額。明日の面接で採用となったら仕事がもらえるわけで、今週中に現場に行けるのであれば、また週明けにはお金が入る。

次に考えたのは身だしなみである。今度の仕事がもし採用となれば、デモンストレーターである以上、あまり不潔な格好ではダメだろう。というか、そもそも面接で落とされてしまうかもしれない。今日ぐらいは、身ぎれいにすることにお金を使ってもいいかもしれない。よし、銭湯を探そう。で、床屋に行こう。頭を丸刈りにしてもらって、ついでにヒゲも綺麗さっぱりあたってもらおう。

最後に、一番考えねばならないように思えつつ、あまり考える気にならない問題を考えた。どう生きるか、である。これにはくやしいが、昨日、一昨日と同僚だった竹崎さんの影響がある。彼女はメジャーな漫画家になることを夢見つつ、フリーターとしての仮面生活をしているという。客観的には僕の生活と大差ない。が、内実に誇りがあるかないかで、日々の生活が仮面か実体そのものかへと変化する。なら、僕も何か目標を持てばいいのか？　しばらく頭をひねってみたが、浮かばない。目標などない。目安はある。さしあたって財布の中身に関しては生きるために最低限の水準があることを知り、したがって現状はその水準維持が生きる目安。目的もある。手段と置き換えるべきかもしれないが、とりあえず目先の仕事を得ることが目的であり、目的の達成が今日を生きるためのすべてとなる。が、アクセルを踏めば車が前に動くのが道理だとして、脚がアクセルを踏むという目的を達したところで目標がなければ物理的にはともかく、本当の意味で発進はしない。

　すると僕はふかしているだけ、か。サイドブレーキを落としたところで急発進するとも思えない。ハンドルを握る手はあっても、前を見る目が（くもりがちにせよ）あったとしても、前に進む意志がない。地図がないのはもちろんだが、それに**責任**[*34]をなすりつけるほど子供ではいられない。進みたければ道などなくても進むべきなのだから。

　どうあがいても明るい思考は導けそうになかったので、挫折する。

　僕はすぐさま荷物をまとめ、ネットカフェを後にし、コンビニで立ち読みをし、吉野家で軽く牛丼を食べ、松戸駅へ。

　駅構内の個室トイレで、こんなときもあるだろうと以前秋葉原で買った官能小説を手にしながら、手淫に耽る。**性欲**[*35]はしっかりとあるようだった。発射の瞬間、しっかりとトイレットペーパーで包んだつもりだったが、久々とあってか、たっぷり溜め込まれた精液は僕の手から溢れ出る。便器の縁にこびりついた糞の上に、白いものが舞い落ちる。理由はないが、綺麗だなと感じる。

　それから電車にのって日暮里で降り、歩いて谷中の方へ。確かこの辺に銭湯があったはず、と古い記憶を頼りに探していたら、発見。番台で四三〇円と言われ、驚く。今はそんなに高いのか。が、ここまで来て引き返すのもばからしいので入る。昼の早い時間とあってか、他に客の姿はない。貸し切り状態。一枚しか持っていないタオルで身体をよく洗い、湯船に飛び込む。熱かったが、気持ちよかった。ネットカフェでシャワーを浴びても二〇〇円なり三〇〇円なりとられるものだ。だとすれば、銭湯の金額は安いと感じる。これだけの開放感は、狭いじめじめしたシャワールームでは、到底味わえない。

浴場を出て、身体を乾かす。タオルは身体を洗うために使ってしまったため、濡れている。自然乾燥ということで、股間周りをよく拭い、パンツ一丁となった後は、じっと脱衣所に座り込み、身体の表面から水滴が消えるのをじっと待つ。待ちながらスポーツ新聞など読む。

銭湯を出た後、僕は散髪屋を探した。谷中から不忍通りを南に下り、上野方面を目指して歩く。途中、サインポールを見つけ、表に出ている値段表をよく確認し、入店。無表情な店主は終始口を開かず、黙々と僕の頭を丸刈りにし、丁寧にヒゲを剃り、肩なども揉んでくれ、爪も切ってくれて、しめて三一五〇円。店を出て、つるつるになった頭部を風に撫でられる。さっぱり。

気分一新、なんだか身体全体から一枚薄皮が剝がれたようで、脚も軽い。湿ったタオルを頭にまく。タオルを乾かすためである。不忍池の側を通る。ベンチに座り、タバコを吸う。ペットボトルを鞄から取り出し、昨晩ネットカフェで補充したメロンソーダを飲む。ぬるい。が、うまい。ベンチの両脇には背の低い桜の木。青々と繁り、薄曇りの空の下でも、わずかな日の光を熱心にその枝葉で浴びている。ふと、本を読みたいなあと思う。漫画でもいい。雑誌でもいい。日中、こうして気分の良い場所で読書などしていれば、仕事のない日でもお金を使うことなく、のんびりとした難民生活が過ごせそうである。

その後は、公園周りをぶらぶらしつつ、上野広小路の方には近づかないように注意しつつ、落ちている雑誌や新聞などないかしらんと目を凝らしつつ、しばらくしてからまた南下を始めた。

夕方五時ごろ、神保町に到着。古本屋を物色して、安い文庫を探す。予算は四三〇円と決めた。先ほどの銭湯代と同額。その金額で、なんでもいいから「長持ちする」本を買おうとする。何軒かめぐって、小説を四冊買う。ドストエフスキーの『悪霊』第四巻、トーマス・マンの『ブッデンブローク家の人びと』中巻、山田風太郎の『妖説太閤記』上巻、田中芳樹の『銀河英雄伝説』第九巻。しめて四二〇円。わざわざ続き物の、しかも中途半端な巻数を選んだのは、そうすることで、前後が気になるように、ストーリーの流れと行く末を自分で想像して楽しめるようにするためである。そのほうが一冊の本を何度も読めるような気がした。

それから、宿を探す。神保町界隈にはあまりネットカフェがなく、仕方ないので駿河台を登り、御茶ノ水駅まで。楽器屋をきょろきょろと眺めたり、レコード屋でレコードを探すふりなどしたり。日が暮れたので、中華料理屋に入り、レバニラ定食を大盛りで注文。食べ終えて、それからコンビニで立ち読みなどして、夜九時、駅近くのネットカフェへ。

今日は結構散財したなあ、と思いつつ、明日の面接に備えて英気を養うべく、早々に眠る。

＊34―責任

ネットカフェ難民は他人をうらまない。自らの境遇を誰かのせいにはしない。人に責任をなすりつけるタイプの人間ならば、わざわざこんな生活に飛び込んだりはしないからだ。すべての責任は自分にあると知っている。知っている上で、その責任を全うする能力が自分に欠けていることも重々自覚しているので、ますます難民生活の深みから脱することができない。

＊35―性欲

ネットカフェ難民も人間である。人間である以上、性欲が生じる。あまり説明したくはないが、しかしこの部分を回避してしまうと嘘の塗り重ねとなるので、正直にやろう。経験から得たいくつかの性欲処理方法を記すので、参考にしたければ参考にして欲しい。

・風俗に行く

そんなお金はない。ソープ、ファッションヘルス、イメクラ、世の中にはさまざまな、主として男性を対象とした性欲処理場が無数にある。が、おおむね高級である。安い安いといってもやっぱり数万円単位での出費は覚悟しなければならない。いや、どうしてもセックスがしたいんだ、しなければ犯罪に手を染めてしまうかもしれない、というせっぱ詰まりすぎた状況でないかぎり、ネットカフェ難民は風俗に行くべきではない。デリヘル、ホテトルなども一見すると安いようなモノもあるにはあるが、ホテル代は自分持ちなので、やはり高くつく。ちょんの間などは格段に安いものの、病気が少々怖い。

やはり、ネットカフェ難民はセックスをするべきではないのかもしれない。

巣のない動物は交尾をしない。子孫を上手に残せなくなるからだ。人間も同じ。家を持たぬ人間が子を為すことができようか。本能が肉体の行為に制限をかけるのかもしれない。

僕はネットカフェ難民生活中に、セックスをしたいと思ったことがない。

・自慰をする

やはりこれがもっともスタンダードかつ無駄の少ない効果的な方法である。ネットカフェには明らかに性欲の昂揚を助ける目的のアイテムがある。そうした効果を持つ漫画、エロ本、アダルトDVD、あるいはインターネットを紐解いてもアダルトで十八禁なコンテンツが湯水のように湧いており、いくらでも堪能できる仕組みがある。ティッシュは部屋に常備されている場合もあれば、そうでない場合もあるので、街角でもらえるポケットティッシュはできるかぎりたくさんもらっておくようにしよう。ストックは切らしてはならない。

ことに及ぶ前に留意するべき点は、背後。人間いつだって隙は背中にある。ネットカフェのドアはおおむね横にスライドするタイプ。ゲスの一寸のろまの三寸バカの開けっ放しという言葉があるが、ことに興じる姿を堂々公開するのはバカというか迷惑千万だし、ちらりと隙間から見せてしまうのもゲスなので、ゆめゆめ注意されたし。天井は仕方がない。ネットカフェの個室には屋根がない。あったら閉塞感で息が詰まる。まさか上からのぞく人もあるまいが、監視カメラなどは、いかんともしがたい。まあ、機械の目ということで、あきらめよう。自慰行為に耽る姿を、監視カメラ越しに見られたところで、間の悪さはない。店側から注意指導を受けることも、経験上まずないと言っていい。

ことの最中は極力静かに。嬌声歓声喘ぎ声の類いはあげるべきではない。ベルトははずしてズボンは股《もも》まで下げる。バックルやチャックがリズミカルに金属音を奏でるのはいただけない。

発射の瞬間は、ティッシュをふんだんに使用する。モノをくるむようにしてしっかりガード、取りこぼしは禁物である。仮の宿であればこそ、他人のために。精液塗れの床に寝転ぶのは誰だってぞっとしない。

ことの始末は、的確に。ごみ箱が設置されていればそこに捨てればいいが、なければゴミは持ち出そう。コンビニのごみ箱なり駅のごみ箱なりに投棄する。うっかり忘れて溜め込んでしまうことのないように。

こまごまと書いてみたが注意事項はそれぐらいか。細部はともかく、行為全体を覆う無意味さ、非生産性が、いい。ネットカフェ難民の決意表明である。僕、生産しません、と。

14日目　傘がないネットカフェ難民

どうも昨晩のリクライニングシートは堅かったようで、目覚めたら身体のあちこちが鈍く痛む。特に右肩が重い。あるいは疲れが溜まっているのか。確かにここ五日間ほど働きづめだった。身体が驚いているのかもしれない。なにせここ数年、労働と無縁の生活を送っていたわけだから。

狭い個室トイレで顔を洗い、**歯を磨く**[*36]。軋む身体を引きずりながら神田駅近くまで。午前中、マクドナルドで読書をしてすごす。雨が降ってくる。時間になったので面接へ行く。

簡単な面接かと思っていたら、違った。僕の他に三〇人ぐらいの若者が集まっていた。ほとんどは女性。オフィスの一室に集められ、パイプ椅子に座らされる。壁際に色鮮やかなお菓子の袋が大量に積まれている。カップ麺もたくさんあった。目つきの鋭い、年の頃は五〇歳ぐらいだろうか、年配の女性が登場。全員に、手の甲を上にして両手を前に伸ばせと指示。すっと前に手を差し出す。女性、一人一人の手を熱心に見ていく。すぐに、ああ、指先を、爪を見ているんだろうなと合点がいく。女性、てきぱきとチェックをしながら、時折、ダメ、ダメ、とつぶやく。僕のところに来る。女性、何も言わない。全員のチェックが完了すると、女性は尖った声を張り上げて「今、私にダメと言われた人は面接不合格です。すぐに出ていってください」とのたまう。しんと静まり返るオフィス。女性はパンと手を打って「さあ早く！」とせかした。何人かが立ち上がり、オフィスを出て行く。

「食品を扱うわけですから、爪は常に清潔に保たれていなければなりません」

と女性。もっともである。昨日爪を切ってくれた床屋に感謝する。

「これから社長と面接をしていただきます。入り口に近い方の人から順番に行います。次の人は準備をしておいてください」

そう言うと、女性は入り口に一番近いところに座っていた人間を連れてオフィスを出た。と、思ったらすぐ帰ってきた。なんだか元気がない。その人は、自分の荷物を持つと、さっと消えるようにオフィスを去っていった。順番的に次となる背の高い女は、え、もうあたしの番？という顔をしながら、すぐに立ち上がり部屋を出ていった。今度はなかなか帰ってこない。

五分ぐらい経っただろうか。帰ってきた。笑顔である。笑顔のまま、最初の人同様、荷物をまとめてさっさと帰ってしまった。合格したのだろうか。よくわからない仕組みである。

よくわからないまま面接は次々と進み、僕の番となった。オフィスを出て、隣の部屋ですと言われ、隣の部屋へ。ノックして、ドアを開き、名乗りを上げて、よろしくおねがいしますと一礼。

「ま、座って」

と男。これが社長か。豊かな白髪をふわりと揺らしながら、にやにやと笑っている。とりあえず座る。社長が質問を始める。

「デモンストレーターの経験はある？」

「いえ、ありません」

「料理とか、得意？」

「あまりやったことがないので、下手な方だと思います」

「今何やってるの？　大学生？」

「いえ、フリーターです」

「ふうん。知らない人に声をかけたりしなきゃだめな仕事だけど、大丈夫？」

「まあ、やってやれないことはないと思います」

「よし、採用！」

社長、唐突に怒鳴る。一体僕のどの辺りが採用を決意させたのか、皆目わからなかったが、とりあえず一段落。

「電話で現場と仕事内容を伝えるから、今日はこれで終わり。帰っていいよ。電話がくるのを待っててね。はい、次！」

ありがとうございました、と礼をして、社長室を出る。オフィスに戻り、荷物を持って、帰る。ビルから出たところで、後ろから呼び止められた。若い男が笑っている。先ほど、待合室で僕の隣に座っていた男だと気付く。高校生ぐらいだろうか。幼く見える。

「いやー、わけわかんないよ、落とされた」

悔しさか、恥ずかしさか、顔は真っ赤、声は無意味に大きい。

「どうして？」

と僕。高校生君は、リュックから折り畳み傘を取り出しながら、

「いや、なんか、社長室入っていきなり、ダメだ！　って怒鳴られて。ハア？　とか思ったら、なんか、目を見て話せないヤツはいらない、とかほざくの。わけわかんねえ」

と鼻息荒くまくしたてた。相当ご立腹のようである。色つやの良い額には、血管が力強く浮き出ている。ちらほらとニキビの残る頬も、ピンクに膨れている。

「そりゃひどいですね」

と僕。

「ほんと、わけわかんねえ、ムカツク、ほんと、超ムカツク」

と高校生君。それから彼は、僕をちらと見て、えへへと笑い、

「まあ、また別の探すわ、じゃあ」

とだけ言って、雨の中、小さい傘を振り回すようにしながら走り去ってしまった。

たかがバイトの面接で不採用になっただけじゃないか、何を落ち込むことがある。そう思ったが、多分、きっと彼にとってはすさまじいレベルの羞恥だったのだろう。初めて味わった屈辱なのかもしれない。最初のオフィスで感じた空気から察するに、おそらく会社にとっては多すぎる応募人数だったのではないか。いささか高圧的すぎるようにも感じたあの空気は、思いっきり振るい落とす予感を前もって応募者に伝えるジェスチャーだったのでは、と僕は考える。だとすれば、**高校生**[*37]君、気にするな、きっと僕で定員だっただけなんだよ。

世の中はかくも理不尽かつ不条理。したがって肝要なのはあきらめと開き直りなのだが、彼がその境地に達するには、まだまだ歳月が必要だろうなあ……などと、偉そうに一人ぼやきつつ、僕は雨の神田をとぼとぼと歩き出した。**傘**[*38]がない僕は、濡れないように、できるかぎりビルに寄り添うようにしながら、歩く。

＊36—歯を磨く　ソルジェニーツィンが「最後に」自分の家を出た際、手にしていたものは歯ブラシ一本

だったという。帰るべき場所を持ちつつも、常に外界を流浪しつつメッセージを発信し続けた彼は、「考える難民」の偉大な祖だ。僕も「身の回りの持ち物から、一つだけどうしても手放せないものを選べ」と言われたら、財布でも携帯電話でもなく、歯ブラシを選ぶ。ロクにシャワーもあびない、パンツもはき替えない分際でなぜ？　と思われるかもしれないが、ネットカフェ難民にとって、歯ブラシより価値のあるものはないと考える。理由はいくつかある。一つは、表皮が衣服越しではあるものの始終外部に向けられているのに対して、口は、特に会話をあまりしないネットカフェ難民にとっては、常に身体の内側にあり続ける器官であるからだ。外側が腐っても諦めようがある。が、内部に悪いものを閉じこめていると、気力そのものが奪われ、諦めるだのなんだのといったセリフも吐けなくなる。もう一つ。外見的要素のすべてがアウトプットであるのに対し、ネットカフェ難民の口は、目や耳よりも重大な入力装置である。そこがやられてしまえば、日々の糧をカロリーに変化せしめるのも不可能となる。医者に行く未来よりも歯医者に通う明日の方が、リアリティがあるという意味である。長生きしたいなどとは思えるわけもないので、どちらを回避するべきかは論を俟《ま》たない。なので、極力ケアを怠らないようにしたい。最後に一つ。歯ブラシは、家を持たず、かといって家を捨てていない、都会の片隅にあるネットカフェという陋屋《ろうおく》に日々帰る人種にとっての、唯一の鍵となるアイテムなのである。家があれば歯ブラシを持ち歩く義務はない。家を捨てればそもそも歯ブラシは不要となる。どちらの立場を選ぶこともできない身にとっては、これ以上ないぐらい自分の身の上を代弁してくれる存在。「歯ァ、磨けよ」とかけられた声を背中に受けて、黙って歯ブラシを握りしめた拳を突き上げられるぐらいには、なりたいと思う。いや、ならねばならない。

＊37―高校生

最も早くネットカフェ難民となれる年齢は、何歳ぐらいだろうか。僕は、普通自動車免許を取得できる年齢が目安になると思っている。ネットカフェに宿泊する際、会員証を作らねばならないケースがあり、その場合、必ず身分証の提示を求められる。そこで便利なのが運転免許証だ。「僕、車運転できます」という事実を証明するだけのカードだが、身分証としての効力は群を抜いている。したがって、普通自動車免許を持つことが可能な年齢、高校三年生ぐらいならば、ネットカフェ難民をはじめられないものでもないと考えている。数字としては一八歳ということだろうか。一八歳ならば、たいていのバイトの年齢制限には引っかからないし、ある程度の社会的責任を背負うことも果たすことも可能になる。しかし、偉そうな言い方をすれば、ネットカフェ難民とは、できる限りの無駄と無意味を重ねた上で入るべき修羅の道であるから、二〇代前半ぐらいまでは様子を見ていてもいいんじゃないかしら、などとも思う。

＊38──傘

ネットカフェ難民は傘を持たない。持つべきではないからだ。傘を所持品の列に加えてしまうと、四六時中傘を持ち歩くことになる。それは「私はネットカフェ難民です」と名札をつけて歩いているようなものだ。通常、傘は雨に濡れるのを避けるために使用され、濡れるのを避けるということは、すなわち普段は避けられる環境にあることを意味し、つまり、雨と無縁な日も傘を所持している以上、傘はあっても傘を置く場所を持たない事実を表明することとなる。「私は移動する人間です。私には家がありません」という二つの現実をアピールするアイテムがネットカフェ難民にとっての傘なのである。自分がネットカフェ難民であることを卑屈に思ったり恥じ入ったりする必然性はまったくないが、だからといって無関係の他人に声高に主張するべき存在でもない。したがって、傘は常時持つべきではなく、必要なときにだけ使い、用が済めば捨てるにかぎる。

15日目 マクドナルド難民化するネットカフェ難民

昨日のうちに仕事の電話があると思いきや、なかったので、金銭的不安が頭をよぎる。いや、残金的には余裕があったが、一度労働による収入を覚えてしまうと、それが持続しないと人間は途端に情緒不安定になる生き物らしい。資本主義社会の底辺に生息する小動物の弱さである。甲殻類のような身体を覆う家もなく、鳥類のような自由に羽ばたく才能もない。魚類のように「水を得る」ことも叶わず、両生類のように公私の境界を器用に楽しむ技もない。困ったものだ。

困ったので、昨晩はマクドナルドで夜を過ごした。ネットカフェ難民が**マクドナルド難民**[*39]へと転じてしまったわけである。晩飯もかねてハンバーガーのセットを注文し、五〇〇円少々。それで夜通しねばった。本を読んだり、うとうとしたり。場所は上野広小路沿い、上野公園近くのマクドナルド。戦友がたくさんいた。酔っぱらった会社員、大きなトランクを抱えた女性の集団、バックパッカーとおぼしき外国人の夫婦、険悪な雰囲気を夜じゅう維持し続けるカップル、参考書を枕に居眠りをする若い男、カタカタとノートパソコンに向かう眼鏡の紳士、ひたすらタバコを吸いながらクロスワードパズルを解くおばさん。いろんな人がいた。なまじ顔が見える分、ネットカフェ特有の閉塞感はなく、のんびりとした薄い一体感のようなものがあった。僕は昔乗ったフェリーの三等客室を思い出した。朝が来て、船が港に到着するまで、見ず知らずの人間と同じ空間に居合わせながら、ただ漠然と夜を過ごす。まったりとした空気と、徐々にではあるものの目的地へと近づいている感触とが、不思議と精神を穏やかにする。一度だけの経験だが、船の旅はいいなあと思ったものだ。マクドナルドが船と違うのは、目的地がないという点か。いや、人によって目的地が異なるという見方がいいかもしれない。まあ、どうでもいい話だ。

朝になり、仲間たちも一人、二人とマクドナルドから姿を消し、僕も午前七時ごろ、店を出た。ルノアールに行き、一番安いコーヒーを注文し、新聞を読み、本を読み、タバコを吸い、じっと過ごす。コーヒーを飲み干しても、水やお茶を出してくれるので、ルノアールは良い店である。が、あまり甘えても悪い。四時間弱経過したので、出る。

昼飯を我慢し、ふらふらと歩く。まだ空模様はあやしく、時折小さな雨粒が頬を打った。眠かった。まっすぐ東に向かって隅田川辺りまで歩いて、川べりの公園かどこかで昼寝をしようと思いつく。

すると、昭和通りを越えたあたりで電話。昨日の会社から。仕事の電話である。ぐっとガッツポーズ。

現場は千葉県野田市のスーパー。朝九時に出勤。業務内容は冷凍の焼き鳥の試食販売。おそろしいことに、焼き鳥は僕が調理せねばならないという。

「ホットプレートで調理してください。水を張って、上にアルミホイルを敷いて、温度は最初は強で徐々に中、そこに冷凍焼き鳥を串からはずして、のせます。必ず自分で味見をしてください」

と早口で会社の人が言う。実際半分も理解できなかったが、ハイ、ハイとまじめに返事をする。調理なんて、中学生の頃に家庭科の授業でやって以来だ。長年ニートをやってきたが、家に引きこもっていたからといって、[*40]**家事の手伝い**をするわけでもない。ましてや料理なんて、と思いもしたが、開き直りが肝心である。なんとかなるだろう。

それにしても、デモンストレーターなんてもっと簡単な仕事かと思っていたが、なかなかどうして面倒くさそうである。てっきり紙コップにワインなりビールなりをたくさんいれて、いかがですか、などと言っていればいいのかと思っていた。が、よくよく考えれば、その手のデモンストレーターは、総じて若い女性である。僕のようなむさい男がやっても、確かにあまり絵にならない。というか、売り上げに悪影響が出ることは容易に想像がつく。

ともあれ、がんばろう。仕事が見つかったのはめでたい。僕は隅田川まで行くのを止め、上野に向かい、そこから常磐線に乗り、柏駅で降りて、ネットカフェに入った。柏駅に着く頃には雨が強くなってきたので、ならば贅沢に昼からネットカフェでごろごろしてやろうと考えた。部屋も豪華に大きめのフラットスペースを借りた。パンツと靴下と肌着のシャツを、洗面所で乱暴に**洗濯**[*41]した。よく絞り、個室内に干す。水滴がぽたぽたとこぼれてきたが、雨ほどは気にならない。ひさびさに、脚をのばして眠る。

*39―マクドナルド難民

これほど安価な夜もない。ネットカフェ難民の夜はどれほど安くしようとしても（ネットカフェにいる時間を少なくしようとしても）、やはり一〇〇〇円程度は使ってしまう。たっぷり一二時間近くはいたいと思えば倍の出費は覚悟しなければならぬ。が、マクドナルドなら、一〇〇円程度の飲み物一つ買うだけでも、好きなだけ夜通し居続けることができる。

夜中、注文した食べ物を警備員さんが運んでいたのには少し驚いた。巡回をかねてのことだろうか。他のマクドナルドもそうなのだろうか。年老いた警備員さんは、ソファーで横倒しに眠っている若者を注意したり、注意を聞かない若者と口論したりと忙しそうだった。他人を見るのがおもしろくて、こちらは寝るどころではない。難民生活を送るには、いささか不向きな場所だと僕は思った。

＊40―家事の手伝い

ひとところは実家を離れず職にも就かず、親元に甘えてごろごろする手合いを揶揄《やゆ》する「家事手伝い」なる言葉もあったらしいが、ニートやヒキコモリなどの単語と比べると、まだ若干世間に対する申し訳なさや言い繕おうとする謙虚さがあるように感じられ、好感が持てる。微量だが建設的な態度も含まれているようにも読めなくもない。ニートやヒキコモリには「自分個人」しかないが、「家事手伝い」には、まだ他人の臭いがする。他者とのコミュニケーションが前提にある言葉である。そうした言葉が弱くなり、ダメな個人主義が蔓延すると、僕のような手合いが増えるのかもしれない。

＊41―洗濯

洗えば洗うほど価値が上昇する世界、それがネットカフェ難民生活である。普通は逆だろう。洗うということは使用しているということであり、洗う回数と使用頻度がほぼ同義だとすれば、世間の大多数のものは使用すればするほど、その価値を薄めていくはずである。が、ネットカフェ難民にとって、例えば一枚三〇〇円のパンツは、洗えば洗うほど高くなっていく。例えば一カ月に四回コインランドリーのお世話になるとしよう。洗濯と乾燥で一回三〇〇円とする。四回で一二〇〇円。すると、三〇〇円のパンツ一枚に、パンツ自体の単価も含めて、一カ月で一五〇〇円も投資していることになる。だったら、一週間に一度パンツを買った方が安上がりである。まあ、まさかパンツ一枚だけをコインランドリーで洗濯するバカもないと思うので、実際の計算はもう少し複雑だが、とはいえ、「洗濯にお金をかける」のは、時間的にも精神的にも無駄だと個人的には感じる。一番安上がりなのは、シャワーを浴びる際に、洗濯も一緒にしてしまうことだ。服のままシャワールームに飛び込むのも悪くない。服ごとよく洗い、濡れた服は大きめのゴミ袋にぶち込む。翌日の日中、公園なり路地裏なりで干せばいい。オススメは隅田川の河川敷。天気の良い日、コンクリートの上で干す。太陽を遮るものも少なく、よく乾く。たっぷりと太陽を浴びた衣服は、コインランドリーの乾燥機で乾かしたものよりも、いくらか清潔に感じる。

16日目 ネットカフェ難民の対人処理能力

柏駅から東武野田線に乗り、野田へ。駅を降り、醤油の匂いがぷんぷんする道を歩いていくと、目的地のスーパーがあった。大きなスーパーである。従業員通用口から入り、臨時の社員証をもらい、食料品売り場の精肉コーナーへ。おはようございます、と大声で挨拶、すると太った眼鏡の男がにゅっと現れ、仕事の内容を説明してくれた。

「これが、商品。全部一本八〇円。バランスよく試食させてね。とにかくたくさん食べさせるのが、あんたの任務だから」

男の声は威勢がいい。はきはきしている。こちらも元気よく応じる。説明が済んだ後、すぐさま持ち場に向かう。小さな屋台のようなコーナーができており、ホットプレートも準備されていた。ペットボトルに入った水、アルミホイルなどは店内から見繕ってきて、レジで買う。買うといってもお金は取られない。手続き上そうするものらしい。

ホットプレートをあたため、水を張り、アルミホイルで床を作る。冷凍焼き鳥を串からはずして、ホイルの上に放り込む。ホットプレートのフタをする。そろそろかなと、何の根拠もなくカンだけを頼りに、焼き鳥を食べてみる。食べられないことはないが、心なしかまだ固い気がする。もう少し温めてみる。食べる。今度は上手くできた。熱々で、肉もやわらかく、なかなか美味である。

しかし、練習は必要だろうということで、何度も、温めて食べてを繰り返す。つくね、ねぎま、かわ、はつ、すなぎも、などなど、全種類をコンプリートしたあたりで、開店。すっかり満腹になっていた。思っていたよりも素敵な職場かも、とほくそえむ。

午前中なんてお客はそんなに来るまいと思っていたら、一〇時半頃には店内は大勢のお客で溢れ返っていた。食品売り場コーナーも盛況である。家族連れの姿も目立つ。ああ、そうか、今日は休日か。

僕は声を張り上げた。長年のニート兼ヒキコモリ生活で、すっかり**対人処理能力**[*42]が衰えていたつもりだったが、やればやれるものである。「いらっしゃいませー、おいしい焼き鳥、焼き鳥はいかがですかー」と叫ぶ。叫びながら、手も動かす。簡易な試食コーナーというよりも、屋台と表現するべき雰囲気の僕の持ち場には、次から次へとお客がやってきた。「はい、奥さん、どうですか、お一つ」というと、だいたいの人は食べてくれる。家族連れならパパも子供も食べる。試食品の焼き鳥はどんどん減っていき、僕はどんどん作る。作りながら、またしゃべる。「簡単に調理できますし、保存もききますから、便利ですよ」と知った風な口をきく。

「どうやって調理するのかしら」と品の良さそうな年配のご婦人。「電子レンジで温めるだけでもいいんですけど、オススメはこのやり方、ホットプレートに水をしいて、上からアルミホイルを置いて、温まったら焼き鳥を入れる。そうすると、すごくジューシーに仕上がるんですよ」と、昨日教わって今日初めて実践したやり方を、あたかもベテランの技であるかのように吹聴。電子レンジでどうやるのかは、もちろんわからない。適当に言っているだけだ。ご婦人はふうんとうなずいて、パックを手に取り、一〇本ほど選んで、買い物カゴにそれを入れた。

声をかければほとんどの人は試食してくれた。試食してくれた人の半分近くは買ってくれた。僕はひたすら売り文句をしゃべり、試食品を料理する。システムとしては、お客さんが自分でパックに冷凍焼き鳥の串を入れていくのだが、中には僕にその手順をさせる人もいて「すなぎもとかわとつくねを五本ずつ、それから普通のやつを一〇本ちょうだい」などと注文してくる。まさか「自分でやってください」とは言えないので、試食品の調理具合を気にしつつ、パッパとパックに焼き鳥を詰めて手渡す。

相場を知らないので何とも言えないが、売れ行きは好調に思えた。試食用の焼き鳥もどんどん料理した。試食に使いすぎかな？　とも思ったが「たくさん食べさせるのが任務」という明快すぎる指示をもらった以上、これでいいのだろう。

昼過ぎ、朝の太った男がやってきて「お客さんがとぎれたら、休憩していいよ」と言った。

が、なかなかお客はとぎれない。午後一時半ごろ、少し減ってきたかな、休もうかな、と思った矢先、パタパタと子供が走ってきて「ちょうだいちょうだい」と言う。見れば洟を垂らした昭和っぽい雰囲気の子供である。背が低く、手が異様に細長い。長い髪のせいで男の子か女の子かわからない。腹が減っているのだろう、よし、好きなだけ食え、とたくさん焼いた。一個食べても満足いかないらしく、立て続けに三個四個と食べ、結局その子供は焼き鳥三串分たいらげた。満足したのか、ありがとうと笑い、子供は去っていった。僕も昼飯代わりに二串分「味見」をした。

三時ぐらいになるとまた混雑が始まる。四時、五時と、どんどんお客は増え続け、午前中以上の忙しさ。在庫を取りに行ったり、アルミホイルを補充したりと慌ただしく時間が流れていく。

ようやく一息つけたのは、午後八時頃。お客も少なくなり「いかがですか」と誘っても試食してくれる人は減った。午後九時、太った男が登場、「あがっていいよ」と言う。片付けをする。屋台周りを掃除して、店の裏手でホットプレートを洗っていると、太った男が声をかけてきた。

「ごくろうさま、結構売れたね」

「あ、そうですか」

「うん、ありがとう」

嬉しい。奮闘、報われた。よかった、よかった。ポリアンナ物語[*43]ではないが、どんな境遇にあっても、喜びを見つける労は忘れたくない、などと思う。

スーパーから去り、会社に電話。滞りなく業務完了した旨を告げると、すぐに次の仕事を命じられた。明日は別のスーパーに行って、お刺身の試食販売をやれとのこと。

今日は肉、明日は魚。いやいや、順調だ。

＊42―対人処理能力　コミュニケーション能力、と言い換えてもいいかもしれない。物事の本質よりも、それを伝える段階におけるプレゼンテーションの方が重要だったりする昨今、生きる上で非常に重要な能力の一つである。僕は自分がこの能力に関してどれくらいの力量なのか、長らく判断できないでいたが（判断を問う機会を作ろうとしていなかった、とも言える）、どうやら、なるようになるレベルにはあるようだ。ネットカフェ難民というと、とかく「おとなしい」「暗い」「自己表現が下手」「コミュニケーションも下手」などなど、陰鬱なイメージがつきまとい、実際暮らしてみるとその通りかもしれないなどと思いもしたが、案

外、明るくさわやかなネットカフェ難民生活というのも、実現可能かもしれない、と最近考えている。

＊43―ポリアンナ物語

正しくは「愛少女ポリアンナ物語」。記憶が曖昧で申し訳ないが、たぶん昭和六一年ごろに、ハウス世界名作劇場の枠で放送されていたアニメーションである。どれほどつらい目にあっても必ず肯定的な要素を見つける「よかった探し」がモットーの主人公ポリアンナ。その健気なスタイルは見習いたいなあと思うと同時に、僕自身、だいたいが自分の責任であるとして、滅多なことでは他人に文句を言わない主義なので、周囲を呪わないという点では近い部分もあるのでは、などと考えている。ネットカフェ難民の「よかった探し」は言うほどたやすくないが、それなりの経験の中で発見したいくつかの「よかった」をこの場を借りて紹介したい。

・生きていてよかった

最も手ごろな「よかった」である。頭上に爆弾が落ちてくることも背後から銃で撃たれることもない世の中だ。平穏無事に生きていけるだけでもよしとするべき。まあ、この路線で行くと、毎日「よかった」を見つけられるので苦労がない。

・みんなが元気でよかった

他人への思いやり。美辞麗句にしか聞こえないかもしれないが、ネットカフェ難民の境遇に生きてみて、初めて抱ける優しさもある。仕事も見つからず、することもなく、手元の本も読み飽きてしまった日中、公園で漠然と時間を消費しながら、周囲の人々へ目を向ける。子供を連れた若いお母さんや、年配のご夫婦などは、最適の標的。彼らを眺めて「よかった」とつぶやいてみよう。育まれつつある生命、全うされつつある人生、そうしたものを俯瞰しつつ、慈愛と尊敬の念を、無理やりにでも湧き立たせる。見ず知らずの他人の平凡な日常を無償で祝福できるようになれば、ネットカフェ難民も一流である。僕はまだこの域には達していないし、正直あまり達する気もないのだが。

・きれいなものを見ることができてよかった

物事をつぶさに見つめられる視線は、ネットカフェ難民なればこそ習得したい技である。街を、日々を、東京を、慌ただしく忙しく生きる人々を尻目に、一人、そっと見過ごされがちな空気に接してみよう。夜の商店街、店じまいをする店主が、シャッターをがらがらと下ろす。軒先に黒い猫がうずくまっている。首輪をしていないので飼い猫には見えないのだが、店主は、おいで、おいでと手招き、猫はひょこひょこと招きに応じ、シャッターをくぐる。店主はそっとシャッターを閉じる。ただそれだけの光景だが、ネットカフェでひたすらパソコンのモニターばかり見て暮らしていた目には、優しく溶け込む情景となる。単なる交差点、単なるビルの壁、単なる信号待ちの人々の列……どんなものでも「きれい」に感じられるようになれば、これほど幸せな人生もない。ネットカフェ難民は、それこそ考える時間だけはたくさんあるはずなので、そうした時間を無為に過ごさず、良い目を養う機会としたいものである。

・人間でよかった

空腹だと自然、視線が下に落ちる。繁華街のまぶしい看板を避けるためかもしれないし、落ちている小銭を無意識に探しているからかもしれない。が、実際小銭は滅多なことでは落ちていない。僕がよく目にするのは、小動物の死体である。ハト、猫、虫、魚、などなど。彼らには彼らの流儀と生き方があって、ああした最期を迎えているのだろうが、僕が行き倒れたとしても、他人の肉となることはおそらくない。だとすると、やはり人間でよかったと感じるのである。死んでも誰の役にも立てないという事実そのものが、低レベルとはいえ社会を生き抜いてきた証のようであり、なんとはなしに誇らしい気分になる。

・資本主義社会でよかった

格差の申し子的に言われることもあるネットカフェ難民だが、当事者に言わせれば完全に自分が悪いだけなので、特に世間に不平不満はない。むしろもう一歩進んで、逆に感謝が生まれる。計画経済ならこんな生き方も許されまい、と思えば、現状を生み出してくれた資本主義社会に感無量、頭の一つも下げたくなる。

・ご飯がおいしくてよかった

ほぼ一日一食になりつつある身としては、その一食にかける情熱の強さに自分で驚いてしまうこともしばしばである。安いファーストフードでも、感情の調味料のさじ加減次第では、山海の珍味（どんな味だろう）に勝る妙味を醸し出す。前項までの各種の「よかった」と組み合わせてその日一日を満足のいくものとすれば、ご飯はさらなる「よかった」の入り口となる。

まだまだあるような気がするが、これぐらいにしておく。要するに、文句を言うヒマがあったら、感謝できる対象を見つけることに時間を割いた方が、どれだけ健康的かわからないということだ。ネットカフェ難民は強制的になるものではなく、少ない選択肢であるにせよ、自分で選んだ道には違いないのだから、悲嘆に暮れるのも絶望の淵を覗くのも愚策であり下策である。

17日目 体調管理について

千葉県の柏市にあるスーパーが今日の現場。先日の鞄工場といい、昨日の野田のスーパーといい、今日の柏といい、どうして紹介される勤務地は千葉県北西部に集中しているのだろうか。そう考えて、ああ、実家の住所で派遣先に登録しているからかと気付く。僕の実家は埼玉県にあるが、埼玉といっても千葉県と東京都に接している地域であり、江戸川流域のその辺りは、おおざっぱに葛飾と呼ばれる。東京都葛飾区は文字通りだが、埼玉県のその辺りも北葛飾郡という区分があったりするし、松戸だの柏だの野田だのも、東葛飾地方と称されたりすることがある。まあ、**流浪のネットカフェ難民には土地の名前もあまり関係ない**[*44]。今いる場所が家だ。昨日同様柏のネットカフェに宿泊、しっかりとシャワーを浴びて、出勤。

たかが一日焼き鳥を売っただけだが、だいぶ自信がついた。昨日よりはお客が少ないスーパーで、僕はひたすらカツオのお刺身のデモンストレーターをやった。「ハイ、今日とれたて、千葉県は勝浦の産地直送、新鮮なカツオはいかがですか」と威勢よくやる。焼き鳥よりも楽だったが、性質上あまり作りおきができないので、頻繁に裏手に回っては慣れない包丁を持ち、塊を一口サイズに切る作業が必要だった。包丁を持つのも、やはり十数年ぶりである。が、不慣れは言い訳にならないので、売り場のベテランとおぼしき青年のやりようの見よう見まねでがんばる。手を切らないよう注意しつつ、ひたすら切る。ひたすら試食してもらう。商品がいいのか、試食なんかしなくても、お客さんはどんどんカツオを買っていった。確かにおいしそうなカツオである。昨日同様味見と称してぱくぱくやったが、うまかった。もっとも、焼き鳥ほど量を食べられるものではない。昼前には味見も飽きてしまい、後は本業に専念した。

七時に作業終了。売り物となるカツオがなくなったためである。やはり人気商品だったのだ。はたしてデモンストレーターが必要だったのだろうか。まあ、給料をもらえるのであればなんでもいいか。

業務完了の電話をしたが、次の現場は言われなかった。仕事はないらしい。少しさびしい。慣れてきたこともあるし、なによりこの仕事、腹が膨れるのが素晴らしい。ウインナーとか、お肉とかを売りたいなあと期待していたが、会社の人は次の電話を待てと言うだけ。仕方ない。我慢しよう。

刺身を食べ過ぎたのか、少々胃が重たかった。食欲がなかったので、マクドナルドへ。コーヒーだけを注文し、深夜まで居座る。それからネットカフェへ。柏のネットカフェはどこも空いていた。あまり難民がいない街ということか。

夜、腹痛で目が覚める。下痢。三回ほど便器にしがみつき、いよいよ何も出なくなった。心なし体調[*45]も悪いような気がする。明日はちょっと栄養のつくものを食べようと誓う。

＊44―流浪のネットカフェ難民には土地の名前もあまり関係ない

実は関係がある。スタートこそ渋谷だったが、結局のところ、僕は「実家から近い場所をひたすらうろちょろしているだけ」という見方もできるからだ。新宿だの渋谷だのあるいは東京の西の方だって、ネットカフェ難民生活を送るには支障がない地域のはず。が、どうにもその辺りは好きになれず、毎度秋葉原だの上野だの常磐線沿線だのに帰ってしまう。ニート時代からは躍進とも言うべき行動半径だが、その中心に実家を据えているようでもあり、無意識の保険と謗《そし》られれば、甘んじて受けるより他にない。

＊45―体調

身体が資本。ネットカフェ難民ほどこの言葉がしっくりくる人種もそうはない。なぜなら、ネットカフェ難民は、すべてを背負って日々を歩むからだ。自分の肉体がすなわち家であり、住所であり、憩いの場であり、財布であり、支出の対象であり、箪笥であり、本棚である。倒れたが最後、身体は単なる肉体へと堕してしまう。生産と消費が表裏一体なので、どちらかが機能を果たせなくなれば、たちまち活動停止、社会にその籍を置けなくなる。恐ろしいことだが、では恐ろしいからといって、的確な対処を事前に用意できるかと言えば、もちろん否。むしろ、健康を気づかっていたら、ネットカフェ難民なんてできるわけがなく、その意味ではひたすら悪循環にあることになる。

が、悪循環なりに、循環の速度を緩めるぐらいの手だてはしておきたい。ここでは経験から培った体調管理の術をいくつか紹介したい。

・手洗い、うがいをする

外から帰ったら手洗い、うがい。常識と言えばそれまでだが、問題はネットカフェがはたして外ではないのかという問題。たぶん、いや、まぎれもなく外である。生活の便宜上、家の役割を与えているだけであって、家ほど綺麗でもないし、清潔でもない。衛生面で大問題があるとは思わないし、また気にしない性質ではあるものの、隣室の人間がせき込んでいれば嬉しくはないし、タバコの煙がもうもうと立ちこめていたりすると、やはりどうかなあ、とも思う。したがって、可能な限り病原菌から身を守るため、あるいは同じネットカフェ難民の健康を気づかうべく、なるべく手洗い、うがいをしよう。ドリンクバーコーナーに行く前に、一度はやっておきたい行為である。それから、寝る直前と、朝起きた瞬間。ここでもうがいをしたい。冷房やタバコで痛められた咽に、少しでも優しさを教えるためである。

・薬を常用しない

薬は飲むな。薬剤師である父親が、昔から僕に言い聞かせてきた言葉。人間の肉体には本来、自分で治ろうとする力があるらしく、薬なんか飲まなくても大丈夫というのが父親の言い分で、その自然治癒力では抗しきれない病にのみ、薬の補助を使うべし、ということらしい。生活習慣病なんぞに薬で対処しようとするのも、彼に言わせれば愚の骨頂らしく、「人間がつくった病気を人間の薬で治してどうする。ますます弱くなるだけだぞ。自分の責任すら、自分の身体で負わないようでは、人類に先はない」と言うのを聞いて、ふうん、と思っていたが、そのおかげかどうか知らないものの、子供の頃から大きな病気一つせず健康に生きてこられた。ネットカフェ難民になってからも、父の言いつけを遵守している。多少の頭痛や発熱は寝て治す。疲れたなあと感じても、滋養強壮剤の類いには手を出さない。ああいったものを飲むと、その瞬間はきりっとするものの、後々の疲労感が倍増するように思うのである。なけなしの体力、抵抗力であればこそ、薬でその力を弱めるのはよくない。したがって、ネットカフェ難民は薬に手を出すべきではない。

・梅干し、塩、砂糖

レシピではなく、勝手な民間療法である。直前で薬を否定しているが、直接的に肉体に働く以外、それを服用することによって得る精神的安寧は否定できない。重要な薬の効用の一つである。なんか身体が重たいなあ、胃がだるいなあ、お腹が痛むなあ、などと思ったら、僕は梅干しに手を出す。庭で梅が採れたので、実家では梅干しを手作りしていた。子供の頃はよく手伝わされた。天日干しを任されたのを忘れて公園で遊んでいて、雨など降ってきたときには、母親にこっぴどく怒られたものである。我が家では梅干しは、食用としてはもちろん、薬としても重宝した。お腹が痛いと言えば梅干しをお湯に浸して飲まされ、風邪かもしれないと訴えれば、梅干しを火にあぶったものを、やはりお湯と一緒に飲まされた。それできちんと治るのだからたいしたものである。ネットカフェ難民になって何度か、そうした苦しい目にあったときも、僕は梅干しに頼った。コンビニの梅干しは実家の梅干しほど美味ではなかったが、背に腹は代えられぬ。お湯はドリンクバーで好きなだけ手に入る。梅干しをお湯に浸し、ほぐして、ぐびぐびやる。効果があるのかどうかは知らない。だが、元気になる気がするし、不思議と内臓が落ち着きを取り戻し、安らかに眠れるのである。

塩、砂糖もあると重宝する。砂糖はドリンクバーに必ずスティックシュガーがあるので不自由しない。塩は、たまに中華料理屋なり食堂なりでご飯を食べる際に、お手製の紙の封筒に入れて失敬するのである。腹が減ったなあ、疲れたなあ、などの場合に、ぺろりと嘗める。砂糖なら力が湧くし、塩なら頭が冴える。完全に感覚的なものなのかもしれないが、個人的には信頼している技であり、特に砂糖は簡単に手に入ることもあり、一瞬だが空腹感も騙せることから、ありがたい存在である。

・薄着をしない

可能な限り、薄着は避けるべきである。ネットカフェ難民の健康上の大敵は、エアコンにあると僕は考えている。冬場は言うに及ばずだが、夏場は特に注意したい。日中どれだけ暑いなあと思っていても油断は禁物。平均気温ではなく、体感平均温度という、僕が勝手に作った基準があるが、天気予報で「日中の最高気温は三四度です」などと言われたところで、三四度を味わわねばならない時間と、そうでない時間を天秤にかけたら、圧倒的に後者の方が長いのが現代である。一日二四時間で、身体が接している空気の温度の平均が、体感平均温度。太陽の南中時に気温が三〇度を超えたとしても、大多数の人間はその空気に何時間も触れるわけではない。クーラーがある以上、そんなときでも体感している温度は三〇度を下回るはずだ。実測値を出したことはないが、ネットカフェ難民の体感平均温度は、自分でコントロールできる部分が少なく、そのため寒すぎたり暑すぎたりと、温度調節が難しい生活を余儀なくされるのが常。特に身体を壊しやすいのは、寒すぎるケース。夏場は多少の暑さは我慢してでも厚着をして、あるいは最低でも長袖を常に用意した上で、行動するべきである。

・睡眠をしっかりとる

よく寝る。最大の健康法である。経済的な面からいたずらに惰眠をむさぼれないのがネットカフェ難民だが、眠れるときはしっかりと眠るべきである。寝ればたいていの支障はどうにかなる、と僕は思っている。現実の苦難が思考をむしばむ、いわゆる心の病も、寝ればわずかだが解決する。いや、解決はしないが、対症療法にはなる。夢を見ている間は、幸せだ。夢ですら不幸となると、いささか重症かもしれないが。

だいたいこのぐらいだろうか。細かい配慮をするような人間なら、そもそもネットカフェ難民などできるわけもなく、多少の気配りと、かなりの我慢とで、どうにかなるものであるから、これからネットカフェ難民を始めてみようと思う人は、前者を心がけつつ、特に後者を鍛えるようにして、がんばってもらいたい。

18日目 不意に訪れる変化
――ネットカフェ難民が怖がるものとは

朝、銀行へ。混雑する列に並び、二〇分ほどして自分の番が来て、残高照会だけする。きちんと昨日、一昨日の分もお金は入っていた。四万円と少し。財布にある額と合わせれば五万円以上ある計算だ。腹痛は治まっていたが、少しだけ頭痛がする。風邪でもひいたか。が、のんびり寝込むわけにもいかない。

だるい身体を押して、髙島屋へ。最上階のレストラン街へ行こうとしたのだが、なぜか足が地下の食品売り場へと向かう。デパートとあって、しゃれた食べ物がたくさん並んでいる。惣菜コーナーで、試食をする。デモンストレーターも僕のような汚い男ではなく、清潔な感じの女性である。豆を煮たものを一口。うまい。一〇〇グラム買う。それから高級なコロッケと食パンを買い、デパートを出て、代々木ゼミナール近くの線路脇でむしゃむしゃ。パンにコロッケと豆を挟んだだけのサンドイッチ。だが、割合高いサンドイッチである。八〇〇円近くかかっている。食べながら空を見上げる。青い。背後を電車がごろごろと行き来する。静かである。視線を道端に落としても、何も見えない。道行く予備校生が異様なものを見るような目で僕を一瞥したのに気付いたが、やはりそれも見えない。何も気にならない。高価な手作りサンドイッチで腹が膨れる。ペットボトルをとり出し、ネットカフェから失敬したコーラを飲む。一口飲んだだけだったか、やけに残量が少ないと感じる。はっとして鞄をのぞく。びしょぬれ。フタが緩かったのか、こぼれてしまったらしい。タオルも、替えのパンツも靴下もびしょぬれ。神保町の古本屋で買った小説も、秋葉原で買った官能小説も、びしょぬれ。

家に帰りたくなった。

もともとさしたる動機があって始めたネットカフェ難民生活ではない。ほんの少しの気まぐれがきっかけだ。ならば気まぐれでやめてもいいじゃないか。そうささやく僕がいる。説得されかける。思案する。だが、戻るなら戻るで、もう一押し、背中をついてくれる何かが欲しかった。

しばらく考えて、財布がすっからかんになれば、帰るより他なくなるだろうとの結論を導く。パチンコ屋に向かう。店内は空いていた。ずらり並んだ空き台を眺めて、なんだか予感が頭をよぎる。当たってしまいそうな気がしたのである。よし、じゃあやったことのないスロットにしよう。

スロットはそれなりに客がいた。適当な台に座る。よくは知らないが、バーを叩いて三つのボタンを押せばいいのだろう。両隣の人の仕草を観察し、おぼつかない手つきでコインを投入、ゲームを開始。しばらくしたら、液晶画面にカエルがぴょこぴょこと現れ、winの文字。これはボーナス確定というやつかしらんと思い、7を揃えようとするが、揃わない。確か、目押しとやらが必要な場面である。何度か試してみるが無理。見かねたのか、隣の青年が「やろうか？」と言ってきた。「お願いします」と頼む。金髪で鷲鼻の青年はタン、タタンと簡単に絵柄を揃えてしまった。うまいものだと感心する。大当たりでメダルが増える。リプレイはずしとかなんとか、昔スロット好きの友人が言っていたような気もするが、慣れないことはしないものである。ひたすら左から右へとボタンを押す。やがてメダルが出なくなる。普通のゲームに戻る。すると、少しして、またカエルがたくさん出てきた。またwin。やはり目押しは不可能で、また隣の青年。揃えてくれる。またメダルが増える。こぼれそうになったので、台の上に置かれた箱に入れる。何度かそれが繰り返される。箱二つ分がメダルでいっぱいになる。親切な青年はずっと一〇〇〇円札を機械に食べさせ続けていたが、やがて席を離れ消えてしまった。仕方がないので店員さんに目押しをしてもらった。

換金すると、二万五〇〇〇円。一〇〇〇円しか使っていない。予定と違う。こりゃいかんと思い、パチンコへ。お金なくなれ、とつぶやきつつ、乱暴にハンドルを握る。

夜一一時。僕は閉店時間までパチンコ屋にいた。一〇時四五分に蛍の光が店内に鳴り響き、終了ですと店員に言われるまで僕は打ち続けた。出玉は三万発を超えた。箱は何箱積んだか覚えてない。一五箱までは数えていた。それから景品交換所に並ぶ。等価交換ではなかったが、それでも換金額は一〇万円以上になった。財布には一万円札が一二枚。計画は失敗だ。

携帯を見ると、着信履歴があった。デモンストレーターの会社からである。次の現場のお知らせだったのかもしれない。メールもあった。派遣会社からのメール。新しい仕事の紹介だった。座り続けたせいで腰が痛む。柏駅までよたよたと歩き、駅前で肩を落とす。

これこそが苦難。

思えばこの生活を始めてようやく感じる苦難かもしれない。お金がないという状況は、実は苦難ではない。不安こそあるものの、そこには次のアクションに対するモチベーションの土壌があるからだ。が、こんな生活で、こんな人間が、なまじ大金を手にしてしまうと、いよいよ本物の苦しさがやってくる。勤労意欲の減退、嗜好への誘惑、あるいは逆に、建設的な欲望(アパートを借りたい、とか?)が生まれてしまう可能性もある。どちらにせよ、それは変化であり、過去にニート生活、ヒキコモリ生活に頭の先まで浸ってしまった身としては、何より苦しいものは変化であるということを痛いぐらい理解している。

変化したくない。ニート兼ヒキコモリからネットカフェ難民に変化した今でも、僕はそう思ってしまう。

まだじんわりと湿った鞄を小脇に抱えて、僕はふらふらと歩き始めた。

19日目 リセットボタンは押さないがセーブはしたい
――ネットカフェ難民の心意気

昨晩、柏から最終電車で上野に移動。趣向を変えてネットカフェではなくカプセルホテルにする。一泊三〇〇〇円。大きな風呂もあり、大の字にこそなれないものの、まっすぐに身体を横たえることができる場所でぐっすり眠る。午前十時にチェックアウト。すぐに電話。デモンストレーターの会社から。電話に出ない。何回かかかってきたがすべて無視。

アメ横で鞄を買う。一九八〇円の赤いリュックサック。今まで使っていた肩掛け鞄は上野公園のごみ箱に、濡れた着替えと一緒に捨てる。マルイへ行き、服を買う。柔らかい布地でできた黒いズボンと紫のポロシャツ、それから思い切ってスニーカーも買う。パンツと靴下も新たに買う。

買い物を済ませたら、トイレで着替え。古くなったズボンと靴、濡れたタオル、靴下、パンツは個室トイレの中に置き去りにする。

上野をぶらぶらして、ガード下の飲み屋でもつ煮込みと串焼き三本と電気ブランを飲む。山手線が通る度に、椅子が揺れる。口に運ぼうとした電気ブランが、揺られて、こぼれる。もったいないと思う。

まだ日が高かったが、ネットカフェへ。テレビゲームに興じる。プレイステーション2を、生まれて初めて触る。ファイナルファンタジーなんとかというゲームで遊ぶ。少しもレベルが上がらない。ちっとも敵が倒せない。なかなか旅が進まない。仕方ないので先達の意見を賜ろうと考え、ゲームを中断し、ネットで攻略ページを探す。一読して、ゲームを再開。セーブとやらをしていなかったことに気付く。最初からである。やる気がなくなる。そういえば人生でもセーブをしてこなかったな、などとバカなことを考えてから、寝る。

20日目 職務質問を受けたらどうするか
――ネットカフェ難民対警察官

朝から上野公園で読書。昼過ぎから雨が降ってきたので、歩いて近場の図書館に。夕方、雨が止んだのを確認し、外へ。南へ下り、秋葉原へ。

秋葉原で買いものをする。ジャンク屋で中古のラジオを買う。それから模型屋で分厚いアクリル板、無線屋でスピーカーユニットを一つ、オーディオ屋でパワーアンプキット、電子パーツ屋でハンダごてとハンダと電池ボックスをたくさん、銅線などを買う。しめて一万円弱。全部リュックにつめて、昌平橋近くのファミレスに行き、豪華なディナーを楽しむ。

夜一一時、そろそろか。腰を上げ、ネットカフェにむかう。

歩いていたら、背後から人の気配。自転車を漕ぐ音がする。イヤな予感がして、早足になる。自転車が速度をあげる。僕は小走りになる。自転車が僕を追い抜く。諦めて足を止める。自転車、キッとブレーキ、ハンドルをぐぐっとまげて、滑らかな動作で僕の行く手をふさぐように停車した。

白い自転車は色こそ柔弱だが、ボディは新聞配達の人が乗るような頑丈そうな作り。運転手も同様で、紺色のズボンに薄水色の上着、その上に黒い湯たんぽのおばけみたいなものを羽織り、色合いこそ寒色を暖かく使った優しい雰囲気だが、身体は大きく、足は長く太く、腕はさらに太い。巨漢である。おそるおそる顔を見れば、極太のマジックで一本まっすぐ線を引いたような濃い眉毛、分厚い唇、膨れた鼻。大きな頭部を窮屈そうに覆う帽子には、鈍く光る五角形のエンブレム。ああ、と僕は納得し、いや、納得している場合じゃないぞと焦り、心臓が乱暴に掻き鳴らされる。

「ちょっと、いいですか」

と男。

「はい、なんでしょうか」

と僕。

「お仕事の帰りですか？」

と男。

「いや、まあ、そんな感じです」

僕の対応がまずかったのかもしれない。僕の煮え切らない答えに特有の臭いを察知したのか、巨漢はにわかに口調を険しいものへと変化させ、

「ヤサはあるのか？　どこなんだ？」

と訊いてきた。僕の格好もまずかったかもしれない。Tシャツ一枚に膨れ上がったリュックサック一つなら、罪もないオタクを演じることもできたろう。が、その時は鞄工場からもらった作業着姿だった。デモンストレーターの仕事が来なくなって三日、ヒゲも薄汚く伸び始めていた。

「少し、そこで話を聞かせてもらえるかな、いや、鞄の中身、見せてもらうだけだから」

と男は言い、道路の向こう、交差点の側に鎮座する交番を指さした。これって拒否したらどうなるのかな？　と思ったが、これも経験と言い聞かせ、素直に従うことにした。

交番に入るや否や、僕は警察官三人にすっと囲まれた。最初に出会った巨漢の警官が入り口に立ち、背の低い年配の警官が僕の傍らに立ち、額のせり上がった中年の警官が椅子に腰を落とす。中年が僕に座るように言い、僕はパイプ椅子に座った。

「所持品、見せてもらえるかな」

と中年。足下に置いたリュックを僕は抱え、中身を見えるようにチャックを開けた。

「いや、全部出して」

「全部、ですか」

「うん、いや、最近この辺で物騒な事件が続いててね、刃傷沙汰とかのね、でまあ、犯人とかを探しててね、捜査に協力してもらえたらねってことなんだよ」

「はあ」

犯人とか、とはどういう意味か。捜査に協力？　まさか僕が犯人と疑われているとか？　とんでもない話である。この段になって初めて理不尽な扱いを受けているという思いがふつふつと湧き上がったが、イヤですとも言えない空気である。一応は柔道二段、剣道二段の有段者である僕だが、警官だって武道は、それこそ職業的にやっているところだろうし、拳銃だって持っている。抵抗したところで良い賽の目に転がるとは、到底思えない。

「さ、早く」

言葉こそ優しいが、中年の目は微塵も笑っていなかった。僕は机の上に次々とリュックの中身をぶちまけた。買い物をしたので物の量が多い。包装されているものはすべて開梱して見せろと言うので、仕方なくそうする。

「仕事は何やってるの？」

どんどん机の上を占拠していく僕の私物を丹念にチェックしながら中年が訊いてきた。

「無職です」

「無職？　家は」

「今はありません。ネットカフェを転々としながら生活しています」

「お金は？」

「日雇いバイトでなんとか」

「いくつ？」

「二五歳です」

「ふうん」

とそこまでやりとりが重ねられたところで、中年の手がぴくっと動いた。僕の所持品の山から、二つ、取り出してうーん、と小さくうなった。

「これは？」

二つとは、カッターナイフとスティックシュガー。カッターナイフは僕が学生時代から愛用しているもので、いわゆるデザインナイフというヤツである。チキチキと刃を出しながら使う一般的なカッターナイフと異なり、刃渡り三センチ程の刃を、頑丈なプラスチックの芯棒に固定して使う。刃がこぼれるたびに、新しい刃と取り換える。持ちやすく、細かい作業や細工に向いていて、非常によく切れる。

「あ、それはカッターナイフです。デザインナイフとか言ったりするもので……」

「こっちは？」

中年はスティックシュガーを手に取り、左右に振った。

「スティックシュガーです。ネットカフェのドリンクバーで失敬したものでして……」

「ほんとに？」

「はい、タダの砂糖です」

「開けてもいい？」

「どうぞ」

本当は貴重な栄養源なのであまり浪費されても困るのだが、まあ、なくなれば補充すればいいだけの話。あらぬ疑いをかけられるより、一嘗めしてもらって潔白を証明したい。

「うん、まあ砂糖かな」

スティックシュガーを開封し、さっと手の甲にまぶし、ぺろりと中年。おい、と仲間を呼び、巨漢の手の甲に一振り。巨漢、ぺろり。こくりとうなずく。

「砂糖ですね」

あたりまえだ。スティックシュガーに入ったものが砂糖でなくてなんだというのだ。

「ハンダごてとか、スピーカーとかあるけど、何に使うの？」

中年は僕の私物を眺め回して、興味なさげな表情で手に取り、しかし目だけは突き刺さるような視線を放っている。

「えっと、ラジオを作ろうと思いまして」

「ラジオ？　どうして？」

どうしてって、そりゃ聴きたいからに決まっている。観賞用にラジオを作るのか、お前は。

「えー、こういう生活をしていると、時間を持て余すことが多くてですね、ラジオでも聴けたらなあと思いまして、でもまあ市販のラジオを買うだけじゃおもしろくないので、自分で作ろうかなと」

「材料、ずいぶん多くない？」

「えー、それはですね、ちょっと特殊な、そう、乾電池で動くアンプと、アクリル板でスピーカーを作ってですね、簡易なオーディオセットみたいにしたら、ただラジオを聴くよりも音もいいし、楽しいかなと」

「ほんとか？　ノミ屋でもやろうってんじゃないだろうな？」

それまで黙って立っていた年配の警官が口を挟んできた。ノミ屋？　ラジオ一つで競馬の予想屋でも始めろと？　なかなか面白いアイデアだ。

「おい、他のポケットもちゃんと開けて見せろ」

巨漢が言うので、リュックについた細かいポケットも一つ一つ開く。ポケットティッシュやネットカフェの割引券、ペットボトル、予備の眼鏡などが出てくる。汚いものを触るような手つきで中年がそれらに触れる。

それから、事細かにいろいろなことを質問された。

「出身地は？」

「埼玉です。実家がそこにあります」

「本籍は？」

「たしか神奈川県」

「家族は？」

「両親がいます。兄弟はいません」

「学歴は？」

「高校卒業後、大学を出て、で、今に至ります」

「大学はどこ？」

「東京芸術大学です」

「ほー」

中年と僕のやりとりを、傍らで年配が熱心にメモをしている。調書というやつだろうか。何か悪さをしたわけでもないのに、ここまで根掘り葉掘りやられねばならぬ理由がどこにある。

「すると、芸術家か。絵描き、か」

東京芸術大学は別に芸術家養成学校ではないし、画家専門の職業訓練所でもない。僕のように特技も芸術的素養も培わずに卒業した人間だっている。が、経験上一〇人中八人ぐらいは、僕の大学名を聞くと、僕が絵を描いている人間だと思ってしまうようである。僕は反論しないことにした。

「はい、そうです」

画家です、ということにしておけば、流浪の身もさして怪しくなく、まあ、裸の大将みたいに思ってくれれば幸い、無事無罪放免となるだろうと安直に考えた。

「専門は？ 油彩？ アクリル？ あ、版画か？ ドライポイント？ 何を描くんだ？ 具象か、抽象か、あ、それともあれか、流行の村上隆みたいなヤツか？」

やばい、この野郎、カタギじゃないぞ。わざわざ版画の後にドライポイントなんて出してくるところや、「流行の村上隆」の一文に込められた言外の主張などからするに、どうも一家言あるタイプと見た。一番面倒くさい手合いである。返答に窮したので仏頂面をして見せると、中年は言葉を続けた。

「俺はどうもピカソとか好きじゃあなくてね、白髪一雄ぐらいハジけてりゃあ、まだ悪くないと思うんだが、ああ、あとリヒターなんかは好きだね、あれはウマいよ」

驚いた。ついでに呆れた。まさか夜中の交番で、白髪一雄だのゲルハルト・リヒターだのを耳にするとは。中年、少々得意気、あるいは僕を試しているのか、嬉しそう。瞬間、頭に血が上り、カッとなり、お前、本当にピカソをよく見たのか、リヒターの何を見たんだ、白髪一雄だと？　しゃらくさい、いい機会だからお前みたいなモノがわかると思っているバカ野郎のために、僕が現代美術史の講義をしてやる！　と叫びそうになったが、よした。下手をすると、この中年の方が僕よりも詳しい可能性がある。そうなったら、いよいよ立つ瀬がない。ここは何としてでも話の接ぎ穂を刈り取らねばならぬ。

「いや、僕はその、専門は日本画でして。最近の美術はよくわからないんです。あまり他のジャンルの芸術を見たりしませんし」

と僕。日本画家の連中が聞いたら激怒するセリフだろうが、構うまい。中年は気勢を削がれたようで、

「ふうん。狩野派？」

などと言う。どうやら日本画に対する見識は浅いらしい。成功だ。

「ええ、まあ、卒論は探幽でした」

さっきから嘘八百。これで後は傍らの年配や巨漢が実は日本画担当だったりしないかぎり、美術談義は終了するはずである。ちらと巨漢の方を見る。眠たそうである。僕と目が合うと、

「もういいんじゃないですか」

巨漢はつまらなさそうに言った。そもそも事の発端はお前が僕をここまで引っ張ってきたことにあるんだぞ、なんだその態度は、とも思うが、まあいい。

「そうだな、思想的にも特に問題はなさそうだし、マエもないみたいだから、今日はもういいよ。ご苦労さん」

と中年。僕はぶちまけた荷物を手早くリュックにしまう。

「ふらふらしてないで、ちゃんと働くんだぞ」

と年配。大きな声である。そんなに言わなくても聞こえている。耳には届いている。リュックを背負う。さっきよりも重たくなっている。交番の空気を吸ったせいか。

「捜査にご協力、ありがとうございました」

と巨漢。交番を出る。巨漢は大きな頭を少しだけ下げた。僕も一礼する。

だいぶ遠回りをしたが、ようやくネットカフェに辿り着く。多少疲れたが、頭は妙に冴えていた。あれもコミュニケーション。ネットカフェ難民といえど、三日に一度くらいは他人と会話をするべきである。そうしないと、何かが壊れていく気が、おぼろげながらする。相手が警察官というのが、あまり嬉しくはないところだが、よくよく考えれば悪い人たちではない。ただ職務熱心なだけ。そして僕が少し不審に見えただけ。そう、それだけの話なのだ。

21日目 立ち食いソバに卵を落とすか落とさないか
——ネットカフェ難民の葛藤

昨晩、ネットカフェの個室でハンダ作業に没頭していたら、近隣の利用者から苦情が来たらしく、お店の人に注意された。他のお客様のご迷惑となりますのでご遠慮くださいとのこと。道理である。ハンダごてを十分に熱し、電源を抜く。しばらくしてハンダごてが程よい熱さになったのを確認して、アクリル板にごて先を滑らせる。熱を持ったアクリル板は簡単に曲がるし、溶けた部分は他のアクリル板とくっつきやすくなる。そんなことをしながら、スピーカーの筐体《きょうたい》を作っていたのであるが、確かにアクリルが熱されると発生する臭気はかぐわしいものではないし、何より高熱を発するハンダごてはタバコよりも火事の危険がある。

が、怒られて止めたころにはちょうど筐体は完成し、スピーカーを固定するネジ穴も出来上がっていた。アクリル板の箱は我ながら可愛らしい出来栄えで、八センチフルレンジのユニットがぽこっとはまると、さらに素敵に仕上がった（アクリル板に丸く穴を開けるのは苦労した）。カッターナイフをドライバー代わりにしてユニットを固定。配線もぬかりない。あとはアンプを工作して、ジャンク屋で買ってきたラジオを直してオーディオアウトをアンプにつなげばよい。

残りのその作業を、日中、秋葉原の路地裏にある小さな公園で黙々と行った。蚊がぶんぶん飛んでいたが、好きなだけ血を吸わせてやる。

午後一時、完成。乾電池を買い、電源を入れると、果たして音は鳴った。FMもAMも感度良好。乾電池駆動のアンプもいい具合である。ボリュームをどんどん上げると、びっくりするほど大きな音がする。道行く人が何ごとかと公園を覗くので、ボリュームを下げる。

落語、ニュース、英会話、J-WAVEなど聴き、夕方六時、ナイター中継に周波数を合わせる。阪神巨人戦。三回裏まで聴いて、ラジオを止め、食事へ。駅前で立ち食いソバ。卵を落とすかどうかで悩む。結局落とすことにする。

リュックが重い。ラジオ、作ってみたはいいが、これを常に担ぎながら歩くのかと思うと、少々考えさせられるところではある。

22日目 頼むから静かにやってくれ
――ネットカフェ難民の小さな希望

少し大きいネットカフェには、必ずカップル用の個室なるものが存在する。ペアシート、ペアブースなどと呼んだりする。別に男同士で利用したって構わないわけだが、だいたい男女のつがいがそこにはいる。相手がいない僕はいまだに利用したことがない。

この日、僕はテレビが見たくなり、テレビがある個室を借りた。DVDを見たり、テレビゲームをしたりしたい人には、ブラウン管のテレビも役に立つ。どちらもパソコン一つでことが足りるように思えるが、どうもまだ我々はテレビとパソコンを同じ電化製品として位置付けられないようである。

ネットカフェでは基本、利用者は静かでなければならない。ゲームやDVDを視聴するにあたっては、必ずヘッドフォンを使用すべしとの規約がある。耳に入ってくる音は、自分だけのものでなくてはならず、それが他者と共有されることはあってはならない。別な見方をすれば、それは、自分の音は他人の音に優先しないという厳格なルールでもある。僕はヘッドフォンをしながら、テレビを見ていた。

が、バラエティも報道番組も映画も、さしておもしろくなかったので、飽きる。ヘッドフォンをはずす。するとどうだろう。静寂に返ったはずの耳が、微細な音の波を拾ってくるではないか。フランス語的なニュアンスで言うところの鼻母音と、衣擦れ。それらの音が、水分を感じさせるフィルターで包まれて流れてくる。

ああ、と思う。お隣は仲むつまじく作業中なのだ。いいね、情欲に飲み込まれているね、と感心し、しばし耳をそばだてる。ことに至っているのか、はたまた手いたずらのレベルを脱しえないのか、聞いた感じだけではっきりとしなかったが、それなりの聞き応えはあった。

彼らがもし、史上初（と思われる）のネットカフェ難民夫婦にでもなってくれるのであれば、行為の最中だろうと何だろうと踏み込んで、惜しみない賛辞を与え、ついでになけなしの財産から祝儀をたっぷりはずんであげるのだが、たぶん、発情した若者二人がいるだけだろう。

そう言えば、と思い出す。

よそのネットカフェでは、ペアブースのドアが透明のアクリル板だった。あれは、なるほど、こういった行為を防ぐ目的なのだろう。納得。確かに迷惑である。何に迷惑かと言えば、無論、善良なネットカフェ難民の孤高たらんとする心に対してだ。足りない部分を埋めてくれるものを他人が持っている可能性があり、その特定の他人との距離を、ごくごく近いものにしてしまえばなんとかなるかもよ、という誘惑は、ネットカフェ難民にとっては、まさしく有害。

23日目 カップラーメンは路上で食え
——ネットカフェ難民が知る情緒

そろそろ財布が軽くなる。まだ一万円札が八枚あったが、ここ数日は豪快に使いすぎてしまっている。ちょっと軌道修正が必要だ。派遣先からの仕事案内メールは定期的に来ている。どれかいいのはないかしらんと探してみると、早速明日働ける仕事があった。しかも明日一日限定という。給料もいい。だが場所が遠い。茨城県取手市。交通費も出ないので、割に合わない気もしたが、何もせずにいるよりはマシか。

早々に仕事が決まったので、昼から祝杯。カツオのデモンストレーターの日以降、僕はお酒を飲んでいなかった。特に理由はないが、飲みたくなかったのである。が、この日はひどく蒸し暑く、咽が渇いて仕方がなかった。

コンビニでビールとカップラーメンを買う。お湯をもらい、カップラーメンを調理。細長いビルたちの隙間に入り、壁面にもたれ、地面に座り込んで一人宴会。久々のビール、冷えたビール、この上なく美味。カップラーメンもおいしい。ずーずーすすりながら大急ぎで食べる。見上げればビルとビルの壁に挟まれた、灰色の空。じっと眺めていると、明度がゆったりと変化する事実を発見し、見蕩《みと》れる。灰色が、白く染まり、黒が一筋流れ、鈍く濁り、やがてまた白が湧いてくる。首が疲れてくる。酔いが回る。

そのまま地面に横たわりたい衝動に駆られたが、自制する。寝ろと言われればいくらでも寝られただろうが、また警察のご厄介になるのはごめんだった。

24日目 想像力が勝負の決め手
――ネットカフェ難民の最後の武器

朝一番、常磐線に乗り、取手に向かう。取手駅のホームで、行商のおばさんたちを目撃する。みな、身の丈よりも高く、大きなカゴを持っている。これからどこかへ行くのだろうか。それとも、取手で商売をするのか。何を売るのか知らないが、見てもいないのにおいしそうだなと咽がなる。頭に手ぬぐいを巻き、腰を曲げた姿勢でニコニコと笑う彼女たちの姿そのものが、うまそうに見えたのかもしれない。

取手駅を出て、目的地を目指す。不慣れな場所なので迷う。三〇分以上歩いて、ようやく到着。新しく造成されたマンションが、今日の職場である。いや、正確にはマンションの近くの駐車場で、マンションはこちらですよと案内する仕事、すなわち看板持ちが、今日の任務。

マンションの側の簡易事務所で担当者から仕事の概要を教わる。教わると言ってもたいしたことはない。姿勢正しく椅子に座り、看板を持って、車で見に来たお客さんに駐車場まで誘導するだけのこと。勤務中に携帯をいじくったり本を読んだりしてはダメ、昼時が一番混雑するので、昼食は午後三時から四時の間に済ませろ、とのこと。

看板とパイプ椅子を持って、早速現場へ。マンションから歩いて五分程のところにある、砂利が敷かれた臨時の駐車場だ。駐車場の入り口で、表の道路からよく見える位置に座り、看板をまっすぐ、高らかに掲げる。するべき作業はこれでオシマイ。後はこの体勢を仕事が終わる時間まで維持するだけだ。

天気のいい一日だった。朝から怒鳴りたいくらい澄み渡った青空、徐々に太陽が力強く照り始める。汗ばむ。作業着は来る前から脱いでいたが、ここに至りポロシャツも脱ぐことにする。肌着のシャツ一枚となる。暑い。そして長い。

時間が経つのを待つだけの仕事が、これほどつらいとは思わなかった。デモンストレーターはお客がいた。鞄工場は単調だったが、相手があった。看板持ちには何もない。ただ看板を持っているだけの仕事。開始してから一時間ほど経過したころ、いかにも若い家族が好みそうな程よいサイズのワンボックスカーが立て続けに二台ほど来た。さっと駐車場に入り、駐車し、下車。小さな女の子二人を連れた夫婦が一組と、背の高いハンサムな旦那と、お腹の大きな、やはり背の高い奥さんのカップル、どちらも僕には目もくれず、仲良くマンションに向かって歩き始めた。マンションは河岸段丘とでも言えばいいのだろうか、小さな丘の上に、雑木林を背景に立っており、駐車場からは一目瞭然である。マンションの案内役は不要もいいところ。ただ、「マンションを車で見に来た人のための駐車場」の場所はマンションほどわかりやすくはない。そのためだけに僕がいる、というところか。

結局、午前中に来たのはその二家族だけ。ヒマである。綺麗なマンションだし、利根川も近いし、自然もたっぷりあるし、空気もうまいし、いいマンションではなかろうかと思ったが、あまり人気はないのだろうか。家など買おうと思ったこともないので、マンションの善し悪しなどあまりわからない。マンションとは、一体いくらぐらいするものなのだろう。ヒマだったので、自分の収支と照らし合わせて妄想などしてみる。ネットカフェに一日平均二〇〇〇円使うとして、一カ月で六万円。一年間で七二万円。一〇年で七二〇万円。三〇年なら二一六〇万円である。ううむ、これぐらいあれば安いマンションなら買えるのではないか？　もし買えるとすれば、なんだ、家を買うなんて案外簡単なものではないか。ネットカフェ難民生活三〇年分で家一軒となれば、それほど高級なものでもないように感じられる。

などと思ってみたりもするが、実は絶望的な差がそこにはある。第一に、一日平均二〇〇〇円という数字は、夜間の寝泊まりする時間だけを換算したものだ。買ったマンションなら昼間も夜も、一日中暮らせる。第二に、ネットカフェ難民の生活には家族の姿がない。二例しか見ていないが、マンションを買おうなどと企図する人々は、いずれも若い夫婦、若い家族である。ネットカフェ難民が家族を養える道理はない。自分一人の生活で手いっぱいなのだから。

正午をすぎ、ちらほらと来場する車の数も増えた。午後一時までの一時間で四台。家族連れが二組と、若夫婦が一組と、年配の夫婦が一組。だいたい皆さん小一時間ほどマンションを見て、そして帰っていく。

とにかくヒマだった。ネットカフェ難民生活により、ヒマには耐性ができていると思っていたが、給料の発生するヒマは無為のヒマとは異なり、情緒のない頑なさがある。逃げるのもさぼるのもかなわないとあっては、ただ時間の過ぎ去るのを待つしかない。

妄想をひたすら重ねた。自分を主人公とした仮想の家族など描いてみた。子供は、そうだなあ、三人ぐらい欲しいな、奥さんは、別に絶世の美女でなくともよいから、元気で快活な人がいい。料理が上手で、倹約家だが吝嗇《りんしょく》ではなく、おまけによく笑うタイプ。三人の子供たちは上から娘、息子、娘。三人とも素直で健康で明るい性格。年子なので三年連続高校受験、大学受験と出費が重なり、その時は家族一同貧窮するが、賢い奥さんの貯蓄によって、なんとか乗り切ることに成功する。息子はオヤジのように東京芸術大学などには間違っても入学しようとはせず、都内の公立大学に浪人することもなく進学し、大過なく卒業、就職もきちんとやり、今の僕の年齢に達する頃には実家に仕送りなどしてくれるようになる。初任給で息子からプレゼントされた一眼レフのカメラを僕は宝物にし、女房も貰った革の財布を後生大事に神棚に捧げて毎晩拝んでいる。長女は大学卒業後、海外で仕事を見つけ、オヤジとしては寂寥の念に耐えかねる部分もあるのだが、成功を祈りつつ、ぐっとこらえる。次女は、若干甘やかされて育った面もあり、多少自由奔放なところも目立つのだが、父親としてはそれもまた可愛いくて仕方がない。そんな末娘は、大学在学中から付き合っていた彼氏と卒業後すぐに結婚すると言い出す。僕は猛反対。が、彼氏とやらが着慣れないスーツに身を包んで緊張した面持ちで、僕の前に挨拶に来る。娘さんを僕にください。陳腐なフレーズに、しかし僕は舞い上がってしまう。彼氏のまっすぐな目に誠意を感じ取り、ぶん殴ってやると荒くなっていた鼻息もあっさりおさまり、結局結婚を承諾。そして結婚式。泣いたりしないよと強情を張っていたが、お世話になりました、という娘の一言であっけなく号泣。式の最中も始終落涙。二年後、初孫も生まれ、前後して長男も結婚することとなり……。

「バカめがッ！」

突如大声。どきりとして振り返ると、道を歩くおっさんたちが赤ら顔で叫んだり笑ったりしている。後で知ったことなのだが、マンションの裏手の雑木林のさらに奥、小高い丘には競輪場があるらしく、おそらく彼らは競輪に興じていた人間たち。

「バカかよ、お前はァ」

などと茨城弁で、大声でまくし立てながら、楽しそうに歩く彼らを見て僕は赤面した。自分に向けられた言葉のように思えたからだ。確かにバカだ。妄想にも品格がある。くだらなさすぎる妄想は、罪である。罰として時間が奪い取られた。が、今回に関してはむしろ希望通り。

一連の妄想を振り返り、人目がないのを確認してから、つばを吐いた。口の中が妙に酸っぱくなっていた。暑さにやられて咽が渇きすぎていたからかもしれない。吐かれたつばに毒が混じる。はあ、何が家族だ。バカだなお前は。第一、お前が妄想したような家族やその生活を、お前は本当に望んでいるのか？　まっとうな生活を送りたいなんて思う権利があるのかよ？

僕は僕を詰問した。僕に問いただされた僕はあっさり一言、まさか、とつぶやく。

定刻になるなり、現場を去り、帰る。なんともつまらない仕事だった。

昨晩は取手から船橋へと移動した。理由はないようで、ある。常磐線の中で起こった出来事が原因と言えば原因かもしれない。

取手駅から常磐線の電車に乗る。快速でも普通でもない、各駅停車と呼ばれるもので、千代田線に直通するタイプの常磐線。東京の西の方に行ってみようかなどと気まぐれに思ったのである。前から二両目の車両に僕は乗った。車内は空いていた。僕の右隣に小学校低学年か、幼稚園児かと思われる小さな男の子と女性。左隣には背広の男性。他にも離れたところにちらほらと何人か座っていた。

電車が出発した直後、隣の車両から男がすたすたと歩いてきて、僕の向かいのシートに腰を下ろした。大股開き、両手はポケットに突っ込まれ、ワイシャツは皺だらけだった。やがて男が口を開く。

「なんですか、ねえ、なんですかァ」

大声である。携帯電話でも使っているのかと思ったが、そうではない。目を見開いて、首を大きく斜めに傾げて前を見ている。

「なんですかー　なんですかあああぁー」

僕に向かってではなく、どうやら僕の右隣の女性に対して言っているらしい。綺麗に剃られたヒゲあとが青々している男の顔は、赤くはない。酒に酔っているようには見えない。

「なんですかあー」

語尾を引きずりながら、男は立ち上がり、身体を前に寄せ、女性に迫ってきた。

「なんですか、ええッ、なんですかッ！　あああッ」

男は叫ぶ。女性は真っ青な顔をしながら急いでうつむき、傍らの子供の両肩を抱いた。幼い子供はきょとんとして男を見つめている。男は「はあああ」と抑揚のない声をあげ、また席に戻った。そうして、

「はあ、子供なんか作りやがって、子供なんか作りやがって、やったのか、やったのか！」

とまた叫ぶ。なんですか、以外の言葉も知っているらしい。

一瞬、ハプニング映画の撮影でもやらかしているのかと思い僕は周囲の気配を窺ったが、ビデオカメラの姿はどこにもなく、数人の人間が何ごとかとこちらを見ているだけだった。女性の身体は小刻みに震えていた。顔はうつむいている。子供はじっと女性を見上げている。女性の震えが、シートを伝って僕の背中を揺らす。男はまだ何かがあがあと繰り返している。聴く

に堪えない罵詈雑言である。

電車が天王台駅に到着すると、女性は子供の手を引き、電車を降りてしまった。取手から乗って、一駅目の天王台が目的地であるとは考えにくい。男から避難するために女性は逃げたのだろう。

次に男は僕の左隣にいた背広の男性をターゲットにした。まず、茶色い革靴を男は脱ぎ、片方をポンと男性の前に投げた。そして、

「拾えよ、拾えよッ」

と怒鳴るのである。男性は携帯電話をいじくるふりなどして、無視を決め込んだ。が、男は引き下がらない。

「拾えよ、拾えよ、拾えよおおおッ」

拾え、拾えと連呼。男性はひたすら無視。すると、男は自分の靴を乱暴に拾い、男性に飛びかかった。靴を握りしめた手を、男性の頭上に振りかざし、そして振りおろす。男性は眼鏡の奥の小さな目をきゅっとすぼめ、身構える。靴は男性の額のすぐ近くまで迫り、動きを停止した。寸止めである。

「あはあは」

男は笑った。男性は顔を真っ赤にし、眼鏡のずれを直す仕草をした。男は再び席へ。そして、

自分で拾った自分の靴を、また男性の前に放り投げて、

「拾えよ……拾えって言ってんだろおお！」

とやるのである。男性は無視を決め込むことをあきらめ、丸い顔いっぱいに汗の玉を浮かべながら、男をじっと見やった。口元には笑いも浮かんでいる。おそらくは照れ隠しの笑い。男も笑う。

「あはあは、あは、はあああ、コラ、聞いてんのかよォ、拾えよ」

男性は悩んでいる様子だったが、やがて決心したらしく、その靴を拾う動作に出た。そのとき、電車は我孫子駅のホームに滑り込んだ。ドアが開く。タイミングを同じくして、先頭車両から車掌さんが現れる。男は靴に素早く足を入れると、電車から駆け降りてしまった。車掌さんがドアから身を乗り出して何か合図をすると、ホームにいた別の駅員さんが走り出した。そこから先は、乗ってくる大量のお客さんの影で見えなくなってしまったが、おそらくは男の行動を車掌さんに通報した誰かがいたのだろう、我孫子駅構内で男は捕まったに違いない。やがて電車は我孫子駅を出発した。

この出来事について、納得のいかないことが二つ。

まず、僕の両隣にいた女性と男性は、なぜあんな辱めを受けなければならなかったのか。男に好きなように罵倒され、バカにされ、侮辱されても仕方がないような責任が、彼らにはあっ

たのか。男の傍若無人な振る舞いが、どうして許されるのか。

もう一つ。なぜ、男は僕を狙わなかったのか。子連れの女性と、背広にネクタイの男性を標的にし、なにゆえに僕を徹底して無視したのか。これに関しては推論を立ててみた。まず、僕の風貌。坊主頭に無精ヒゲ、過去にハンサムの形容を戴いたことはないが、怖いと評されたことはたびたびある。柔道をかじったおかげか、首も腕も同年代の若者の平均よりは太い。その時は電車の冷房がイヤだったので、作業着に身を包み、襟も立てていた。腕に覚えはまったくないが、子連れの女性とサラリーマン風の男性と僕の三人を見比べて、誰が一番喧嘩をしたくない相手ですかとアンケートでもしてみれば、おそらく僕が一位になると思われる。してみると、男は相手を選んで因縁をつけたということになるのだろうか。冷静に彼我の状況、相手を見極めた上で、あのような所業に及んだのだろうか。

わずかな不愉快があったが、それは目の前の寸劇にあっさり幕が下りてしまったことに起因するのかもしれない。僕の視点・行動を見ればわかるように、女性や男性を男から守ろうなどとは決してしなかったし、また、するつもりもなかった。男の乱暴狼藉をなじりもしないし責めもしなかった。火の粉が我が身に降りかかるようならば対策も講じたろうし、当然自分の安全を守るための反撃もしただろう。他人がやられているだけだったので、僕はただ傍観していた。その理由は僕自身もよくわからない。家族があり、定職があるような人種を助けてやる義理などないと思ったのだろうか。だとすれば、僕はだいぶ重症である。というか、もしそれが真実ならば、僕はどちらかと言えば男の側に属する人間ではないか。精神の病。そんな単語がふっと脳裏をかすめ、どうにもおもしろくない。ネットカフェ難民を襲う一番の病気とは、ひょっとすると、こんなふうに心が摩耗する症状なのかもしれない。船橋に移動したのは、柏駅で下車したためで、その理由は、自分と男が根底の部分では大差ない人物のようにも思え、なんだか落ち着かず、電車を降りてしまったのである。そうして東武野田線に乗り換えた僕は、キオスクで新聞を買い、読みつ揺られつしながら船橋駅に辿り着いた。

昨晩はその出来事を皮切りに、将来のこと、家族のこと、未来のことなど、いろいろと考えてしまい、結局一睡もできず、朝になってからようやく眠った。おかげでだいぶネットカフェ代金が高くついた。雨が降っていたようなので、外に出る気力も湧かず、夕方目覚めたあとも、ずっとそのネットカフェに居続けた。

26日目 長期滞在時の注意事項

二四時間以上ネットカフェにいたのは初めての経験である。途中、店員さんがやってきて「途中精算よろしいでしょうか」と言う。長期滞在すれば当たり前だが料金はかさむ。店側としてはとんずらされたらかなわないので、定期的に料金を精算させたいのだろう。長髪を後ろで束ねたあごひげの濃い、越前屋俵太のような顔をした感じの良い店員さんだったので、ちょっと会話などやらかしてみた。

「僕みたいに、長く泊まっていると、途中で料金を取られるんですね」

「そうなんですよ、申し訳ありません」

「いや、いいんですけど、参考までにお伺いしたいんですが、長く泊まる人って、どのくらい居続けるものなんですか？」

「そうですねえ、僕の知っている一番長いので丸五日って人がいますよ」

「料金、すごそうですね」

「ええ、パック料金後は普通に一五分一〇〇円計算なので、その時は確か四万円以上かかったかなあ」

そうなのだ。パック料金は安いが、規定の時間を過ぎれば通常料金となるのが普通のネットカフェ。それがイヤなら一回精算して退店し、再び入店した方が安く済む（パック料金については適用時間の制限を設けているところも多々ある。例えば六時間パックは夜一一時以降入店が条件である、とか。そうした場合にも「一旦店を出る」方法は有効である。一〇時半から三〇分だけ通常料金にして、一度精算し、再入店すればよい）。その店員さんは他にも「毎回同じ番号の個室を希望する人」や「平日の深夜、三時から五時までの決まった時間だけ利用する謎のおばさん」など、いろいろとおもしろいお客さんの話を教えてくれた。なかなかネットカフェ難民も多種多様なようである。

この日、日中は船橋駅近辺をふらふらしながら過ごした。

京成線船橋駅で、高架下から垂れてくる水滴を数えている老人と出会う。年の頃はわからないが、だいぶ風格があり、六〇代ぐらいだろうか、元の色がわからない真っ黒にすすけたジャンパーを纏い、腰を落とし、目の前にあるコンクリートのブロック（中心には錆びた短い鉄棒が刺さっていた）を見つめている。「水滴を数えている」とわかったのは、彼が小さな、でも重たい声で、「じゅういち……じゅうに……じゅうさん」とやっているのが雑踏に紛れて聞こえてきたからである。傍らに立ち、僕も一緒に数えてみた。声には出さない。老人は、なぜか八〇進法を使っていた。「ななじゅうきゅう、はちじゅう……」まで数えて一区切り、そしてまた「いち、にい……」と始めた。どんな意図と意味がある行為なのか、僕にはわからなかったが、老人の迷いのない背中は、そうした陳腐な疑問を許さない力強さがあった。ひょっとすると仕事なのかもしれない。仕事を邪魔しては悪いと思い、その場を去った。

港の方を歩いたり、京成線に沿ってぶらぶらしたり、通りすがりの神社で手を合わせてみたりしつつ過ごす。夕方、駅前に戻り、道端で露店を開いているおばさんから饅頭を買う。歩きながら食べる。美味。それから、総武線に乗る。なんとなく、錦糸町で下車。

27日目　即決採用バイトとまずいフリードリンク

昨日、今日と、仕事の案内メールがまったく来ない。携帯電話代を支払っていないから、携帯が止められてしまったのだと気付く。この際だから新しくしてしまおうと考えた。錦糸町駅近くの携帯ショップで、今までの会社とは違う携帯会社と新規に契約。一円の機種を選び、新しい番号を貰う。

番号とメールアドレスが変わった。つまり、新しい仕事先を探さねばならない。僕はすぐにネットカフェに戻り、バイトを探した。全額日払いという言葉にひかれ、とある派遣会社を選ぶ。電話をする。即決だから、印鑑と写真を持って事務所まで来いという。明日行きますと答える。

仕事なんて腐るほどあるじゃないか、いい時代に生まれたもんだ、と暢気に思う。

それから、コンビニで紙パック入りオレンジジュースを買う。一リットル。一晩は持つ。ドリンクバーのまずいジュースに飽きていた。タダが一番おいしくないと気付く。困難のない道が、一番苦労するのかもしれない。

28日目 ネットカフェ難民の血

午前中、駅からそう遠くない公園で昼寝。午後、派遣会社の事務所がある新宿へ。

百人町近くの雑居ビルに事務所はあった。ビルというか、まるっきりマンションである。おそるおそるチャイムを鳴らし、ごめんくださいとお邪魔する。貧相な男が出てきて、ビデオを見せられる。派遣業務の内容および仕事上の注意事項に関してまとめたビデオだった。見終わると、書類に住所氏名年齢を書き、ハンコを捺し、写真を渡して、終了。仕事が欲しいときは電話しろ、とのこと。

「お給料が、日払いと聞いたのですが」

ここが大事なところ。しっかり確認しなければならない。

「そうですけど」

と貧相な男が答える。

「現地で貰えるのですか」

「いえ、この事務所に来ていただければ、その場でお支払いします」

なるほど、そういう仕組みか。現地の担当者に「仕事をしました」というチェックをもらい、チェックの入った伝票をこの事務所で掲げれば、お金が入る仕組み。なんだか面倒くさい。でも、贅沢は言っていられない。わかりました、とその場を去る。

事務所から新宿駅までの道すがら、よし、とにかく仕事だ、電話をしようとした矢先、事務所から電話。

「早速ですけど、明日は大丈夫ですか？」

「ええ、大丈夫ですけど」

「確定ではないんですが、キャンセルがあるかもしれない現場があるんですよ。朝六時半ごろ、一度電話もらえますか？」

「はあ」

「その時、欠員が出ているようなら、お願いしますから」

「はあ」

「もし欠員がなく、お仕事を紹介出来ない場合でも、待機料が発生しますので」

「待機料？」

「ええ、五〇〇円支払われることになります」

「そうですか、わかりました」

なんだかよくわからない。よくわからないが、わからないことは行動の制約にならない。わからないからこそ、僕は行動しなければならない。

とりあえず、その後は新宿をふらふらと歩いた。用もないのに世界堂へ行き、F6号のスケッチブックを買ってみたりする。鉛筆も一本買う。夜、ネットカフェに帰り、早速カッターナイフで鉛筆を削る。先端を、細く、鋭くしようと夢中になり、手が滑り、左手のひとさし指を切ってしまう。すっと赤い線が走り、血がぽたぽたと湧く。膝元に置いていたスケッチブックに、一滴、血が落ちる。店員さんに、ドアに指を挟んで手を切ってしまいました、と嘘を言い、絆創膏をもらう。

安心した。まだ僕は僕に優しいようである。

29日目　割に合わない給料と仕事ではない作業

眠かったが、朝六時起床。コーヒーを一杯飲み、タバコを吸い、それから電話。どうやら欠員が出たらしく、すぐに板橋に向かえとのこと。埼京線に乗り、板橋駅へ。

仕事は足場の撤去。撤去自体はプロがやるのだが、撤去された足場（イントレとか言うらしい）を、一カ所に集めたり、トラックに積んだりするのが主な業務内容。安全靴を渡され、履く。つま先に鉄板が入っているらしく、とても重い。建設作業現場をひたすらちょろちょろと蠢動《しゅんどう》し、ひたすらイントレを運ぶ。あっという間に昼になる。働きが評価されたのか、現場の若い男の人が昼飯をご馳走してくれた。中華料理屋で、ラーメンと餃子を食べる。その人といろいろな話をした気もするが、あまり内容は覚えていない。餃子がおいしかったことだけは舌が記憶している。夕方四時、作業終了。現場の監督から帰ってよしと言われる。「仕事をしました伝票」にサインを貰う。すぐさま新宿に向かう。

事務所に行き、伝票を見せる。現金が渡される。時給一〇〇〇円で、朝八時から夕方四時まで八時間労働。途中昼休憩が一時間あったので、実質七時間労働。合計七〇〇〇円。が、そこから保険費用だのなんだのが差っ引かれ、結局貰ったのは六五四〇円。交通費が自腹だったので、都合六〇〇〇円程度しかもうかっていない。これで昼飯代が自分持ちだったら、日当は五〇〇〇円ちょっとという結果になるところだ。

腕の筋肉が張っている。肩も重い。悪くない疲労感だが、給料を考えると割に合わない気もする。まあ、仕方ないか。割に合わない、などのセリフは、ネットカフェ難民が軽々しく口にするべきではない。浮き世に生きる、それ自体、割に合わないことと知れ。「合わない割」とどううまく付き合っていくかが、生活の醍醐味だ。

明日も大丈夫か、と会社の人に言われるが、無理です、と即答する。イヤな顔をされる。仕事を回してやっているのに、断るとは何様だ、というところだろうか。欲しいときはこちらから電話します、と偉そうに胸を張り、事務所を去る。まだ日が高い。もう一仕事出来そうな感じもする。夜、働ける仕事はないもんかな、と漠然と考える。

職安通りの道端でスケッチブックを広げ、クロッキーなどやらかしてみる。道行く人を描く。これが仕事にならんかな、などとバカなことを考える。絵を描くという行為は、起点と結果こそ複雑怪奇に見えるが、経過そのものは単調であり、単純作業の反復である。そして、それは作業であって、仕事ではない。仕事ではない作業に身をやつすのは、愚行の極みか。

そのうちに人目ではなく、鉛筆が走る紙の上を見る自分の目が恥ずかしくなり、やめる。

軋む身体が、意識を揺さぶり起こした。昨晩は早く寝たせいもあり、目が覚めるのも早かった。起き抜けの一服。そして濃いコーヒー。頭が回転を始める。

ネットカフェ難民にとって、遊びとはなんだろうか。楽しみとはなんだろうか。明け方のネットカフェの一室で、そんなことをつらつら考えた。娯楽と無縁な生活は、むしろ快適である。いわゆる物欲は、ここ最近の暮らしでほぼ完全に僕の中から消え去った。欲しいモノなど何もない。話題だの流行だの最先端だののキャッチコピーは、僕にとっていささかも用を為さず、それゆえに惑わされることもない。振り回されることもない。手に入らない悔しさも、手に入れる満足も、手に入れたものと別れる喪失感も、僕に降りかかる心配はない。性欲、お金に対する欲、あるいは名誉欲などといった、世俗的な欲望の一切が、希薄になっている。

達観を誇る気は毛頭ない。何かの境地に達したわけではなく、順調に、それこそヒキコモリ時代よりもずっと強固に、社会に対する意気込みと関心を失っている証左である。心身が堕落している（社会的、肉体的には堕落していないと思っているところが、またすさまじい）。どうにもやる気が湧かない。

そんな環境で、楽しみを見つけて生きるのは、なかなか難しい。つまり、僕はどうもいまだに「楽しみ、遊び」の意味を、ある一定の欲望を、ある一定の規模で成就させる行為と認識しているようだ。そうじゃないだろう、そうじゃないだろう、とつぶやいてみるものの、反論が思い浮かばない。昨日はスケッチブックなど広げてみたが、別に楽しくはなかった。

楽しいことなど、何もない。そんな結論も浮かぶ。いずれにせよ、どれだけ頭をひねってそれらしい弁護を重ねてみたところでうすら寒い想いが募るばかりに感じ、やめた。

コーヒーを飲み干し、店を出る。

僕は早朝の新宿をふらふらと歩きながら、電話をかけることにした。

相手は、僕が絵の家庭教師をしている女の子のお宅である。女の子のお母さんが電話に出た。向こうもちょうど僕と連絡を取りたがっていたらしく、三日前に電話してみたがつながらなかったこと、そろそろ中学校以降の進路について相談に乗って欲しいこと、女の子が先週完成した絵を見てもらいたがっていること、などを告げられた。来週、お邪魔する約束を取り付ける。

これでしばらくは気楽にネットカフェ難民生活を送れる、とは思わなかった。

パチンコで儲かったときのような苦難も感じなかった。

この生活に身を投じるきっかけを与えてくれた、そしてその時以降すっかり忘れ去っていた、臭かった彼女のことを思い出した。

あれは、ただ生きていた。僕もそうなれただろうか。生きるために生きることを、真摯にやっているだろうか。わからない。評価基準が、見つけられない。自分で判断するものではないのかもしれない。

マクドナルドで早めの昼食をとる。トレイを下げる場所に置き去りにされていた新聞を拝借。読む。大きな選挙が直前に迫っているらしかった。そういえば駅前の雑然にいつもと違う色が混じっていたな、と思い出す。仕事があるな、と一人ぼやく。食後、タバコを吸い、鼻がむずかゆくなり、ティッシュを丸めて、鼻をほじる。白いティッシュに黒い筋が幾重にも走る。熱心にやっていたら、大きな鼻くそがとれた。やはり真っ黒である。

マクドナルドを出て、派遣会社に電話する。仕事ありませんか、と訊く。明日の夜、現場があるとのこと。仔細を聞かず、諒解する。

今夜は必ずシャワーを浴びよう。

31日目 無題

昨晩、シャワーを浴びすぎたのか、身体を清潔にしすぎたのか、冷房が平時よりも強く感じられ、身体が冷えた。風邪をひいてしまったかもしれない。朝、場外馬券売り場まで行き、競馬新聞を一部買い、その日のレース、すべて死に目の馬単で五〇〇円ずつ購入。一万円以上使う。近場の飲み屋らしき場所に入り、できるかぎり外に近い席に座り、ビールを一杯、焼き鳥を五本と雑炊を注文し、漫然と競馬中継を見つつ、午後二時ぐらいまで過ごす。ちなみに一レースも当たらなかった。外れ馬券たちを財布に入れ、街を出る。新宿西口、ガード下近くのビルの足下、小さな植え込みに腰かけ、うたた寝。夕方六時、目が覚める。西武線に乗る。

夜七時半前、現場最寄りの駅に到着。集合時間までまだ三〇分以上時間があった。雨が降ってくる。雨足はどんどん強くなる。現場は改札を出てすぐのところにあるらしい。現場から改札までの道は下り坂になっており、雨がどんどんと流れ注ぎ、やがて改札前の広場に池を作る。池はみるみる大きくなり、やがて改札の前まで浸食。駅員さんが自動改札の電源を落とした旨、拡声器で叫ぶ。雨はすでに滝、水面をしたたか打ち付け、波を作る。駅員さんが、バケツやチリトリで必死に掻き出し、波の襲来を防ごうとする。落雷。瞬間、稲光で水流が白く染まる。駅に逃げ込む人々の、楽しそうな悲鳴。

八時になる。若者たちの一群が僕に接近。体格のいい一人が、僕の名前を出して、確認してくる。若者たちは今日の現場の仲間、体格のいい彼はリーダーであると知る。僕はスタッフと書かれたシールを渡され、服に貼り付ける。

「じゃあ、行きましょうか」

とリーダー。雨中の道を、現場までダッシュ。働く前からびしょぬれだ。

現場は幸い、屋根があった。巨大な屋根の下では、コンサートが行われていた。仕事はコンサート会場の撤去。二度ほどアンコールの曲が演奏され、夜九時、ようやくコンサート終了。直ちに仕事が開始される。

仕事は簡単だが規模が大きかった。現場の本職の人たちの指示に従い、パイプ椅子を撤去し、床のビニールシートをはがし、コンサートの舞台を解体し、機材をトラックに積み、会場全体の掃除をする。両手で持てるパイプ椅子の数は一度に八脚が限度であり、それ以上でもそれ以下でも撤去能率が落ちること、ビニールシートも面積次第ではおそろしい重さになること、フォークリフトは前に進むよりも後ろに進む場合の方が多く、それゆえフォークリフトの後部に立つのは危険であること、軍手にも高級品とそうでないものがあること、などなどを身をもって学ぶ。

作業は基本、人海戦術。高所の作業や重機の操縦などはプロがやり、他の作業はおそらく僕と同じバイトの若者たちが行う。若者は総勢五〇人ぐらいいたろうか。各自ゼッケンを渡され、それを着る。「七番、一一番、こっち来い！」「そこの四番、これ運んでくれ」「一〇番から二〇番まで一五分休憩していいぞ」といった具合で指示が出されるのである。名前のない若者たちはすべて男で、中には若者とは呼びがたい中年の男性も数人いた。が、やはり九割以上は若者であり、全員僕と同様小汚い格好をして、要領の悪そうな、不器用そうな顔つきをしながら手を動かし、夜通しの作業とあってか目は澱み、潑溂《はつらつ》と作業に従事するものは一人としてなく、集団で生きたユンボと化し、よたよたと動き回る。

休憩中、若者の一人と会話した。三番のゼッケンをつけた茶色い髪の毛の彼は、タバコを吸う僕に近づいて、

「一本貰えないすか」

とタバコを欲しがった。一本あげる。火をつけてうまそうに一服し、

「いつ終わるんすかね」

とぼやく。

「もう、腕、パンパンっすよ。もっと楽なバイトかと思っていたのに」

と言い、三番君は笑った。筋肉の疲労に関しては僕も同感だった。が、先日の足場撤去の作業経験から、まあ予感はしていた疲労だった。

「あー、それにしても気になりますよね」

と三番君。

「何が？」

と僕。互いの名前を知らないので、会話のキャッチボールが難しい。素性を聞くのはタブーというか下賤なことなので、もちろんしないが、世間話にも前フリというものが必要である。その点、わざとらしさは拭えないものの、努力の姿勢も見える彼は、悪くない手合いだった。

「ほら、選挙っすよ。選挙速報録画してきたんだけど、ちゃんと録れてっかな」

「ああ、選挙。投票行ったんだ」

「もちろんじゃないすか」

彼は鼻息荒くそう言った。正直意外だった。茶髪の軽薄そうな若者という見た目に騙されてしまったが、日本の未来とやらにしっかりと意見をお持ちらしかった。

「やっぱ自民党は倒さなきゃだめっすよー。自民党のせいっすよ、オレが真夜中にこんなバイトをしてんのは」

と彼は笑いつつ、でも少しまじめな声で言う。同じセリフを僕が吐こうものなら僕は笑い飛ばすところだが、彼が言うと、なんだか非常にインタレスティング。おもしろい。自民党とコンサート会場撤去のバイトにどんな相関があるのか、詳しく知りたいところだったが、休憩時間が終わってしまった。

その後も延々と作業。早朝六時半、終了。現場の人に作業終了のハンコをもらう。お疲れさまの言葉もなく、若者たちはめいめい勝手に帰っていく。僕は先刻の彼の姿を探した（道中、彼の政治見識について演説してもらおうと思ったので）が、ゼッケンを返却し、番号を失った若者たちは、また元の名も無い他人へと戻ってしまい、彼を見つけることもできなかった。

駅でキップを買おうとしたら、電話。派遣会社からである。今すぐ次の現場に行ってもらえないか、とのこと。手も腕も痛く、全身が疲れていたが、うっかりハイ、と返事をしてしまう。電車に乗って、次の現場へ。

仕事は開票所の撤去。また撤去だ。駅を降り、バスに乗り、公民館のような場所に到着。長机、パイプ椅子、ビニールシートなどなどを片付ける。先ほどまでやっていた仕事と内容は大差ない。規模がかなり小さいので楽ではあった。同僚の数も少なく、六人ほど。誰かが、そう言えば昨日の選挙の結果ってどうなったんだろ、とつぶやく。誰かが、さあね、と応じる。僕だったかもしれない。

朝九時から開始して、昼前には終了する。また雨が降ってきた。バス停まで走る。バス停にも屋根はない。雨に濡れる。眼鏡が水滴で埋め尽くされる。目の前の道路を行く車たちは、昼だというのに前照灯をつけている。濡れた眼鏡のせいで膨張した光たちが、目に飛び込み、染み込み、僕はまぶたの裏に痛みを覚え、目を細める。

降り立った駅に戻るためのバスは、なかなか来ない。せばまった視界の中で、道の反対側のバス停に近づいてくるバスを見る。さらに目を細めて、行き先を見る。降り立った駅の、二つ隣の駅の名を表示していた。

都内に戻るためには、降り立った駅に向かうのが良い。しかし、二つ隣のその駅は、都内からは離れるものの、僕の生まれ故郷にある駅には近い。

僕は素早く左右を確認し、道路を走って渡った。反対側のバス停に滑り込む。到着したバスに乗る。空いていた。席に腰を下ろし、汗と雨で湿っていた作業着で、眼鏡のレンズを乱暴に拭く。

水滴は消えた。が、かけてみると、途端に曇り出し、やがて何も見えなくなった。

幻冬舎新書 055

ネットカフェ難民

ドキュメント「最底辺生活」

二〇〇七年九月三十日　第一刷発行

著者　川崎昌平
発行者　見城徹
発行所　株式会社　幻冬舎
〒一五一-〇〇五一東京都渋谷区千駄ヶ谷四-九-七
電話　〇三-五四一一-六二一一（編集）
〇三-五四一一-六二二二（営業）
振替　〇〇一二〇-八-七六七六四三
ブックデザイン　鈴木成一デザイン室
印刷・製本所　図書印刷株式会社

Printed in Japan ISBN978-4-344-98054-9 C0295
か-4-2
幻冬舎ホームページアドレスhttp://www.gentosha.co.jp/
＊この本に関するご意見・ご感想をメールでお寄せいただく場合は、comment@gentosha.co.jp まで。